Felix Adam von Löwenthal

Geschichte des Bayerisch-Landshutischen Erbfolge-Krieges

nach dem Tode Herzog Georg des Reichen zu Bayern Landshut

Felix Adam von Löwenthal

Geschichte des Bayerisch-Landshutischen Erbfolge-Krieges
nach dem Tode Herzog Georg des Reichen zu Bayern Landshut

ISBN/EAN: 9783743692053

Hergestellt in Europa, USA, Kanada, Australien, Japan

Cover: Foto ©ninafisch / pixelio.de

Weitere Bücher finden Sie auf **www.hansebooks.com**

Geschichte

des Baierisch-Landshutischen

Erbfolge = Krieges

nach dem Tode Herzog Georg des Reichen zu Baiern Landshut

und

Beweis

der widerrechtlichen Veräußerung

der von der Reichs-Stadt Nürnberg damals offupirten Pfalz-Baierischen
Stamm-Fideikommiß- und Lehensherrschaften, Städte, Schlösser,
Klöster und andern Güter

samt

der Widerlegung

der zwey Nürnbergischen Druckschriften unter den Titeln:
Urkundliche Bemerkungen ꝛc. ꝛc. in 8. und Geschichts und aktenmäsige
Darstellung in 4.

———

In zwey Theilen
verfaßt von
Felix Adam Freiherrn von Löwenthal
auf Deining und Leutenbach, Kurpfalzbayr. wirtl. geheimen Rath.

———

München, 1792.

Universi et singuli Principatus Pricipum Electorum dividi, vel ullo tempore in judicio vel extra, vel etiam per sententiam separari non valeant. Quod si vero per errorem vel alias auditus quis fuerit, ut processus, judicium, sententia vel aliquid hujusmodi contra praesentem dispositionem emanaverit, seu quomodolibet attentari contigerit, hoc totum et omnia ex his et quolibet eorum sequentia eo ipso viribus non subsistant.

Aurea Bulla Caroli IV. Rom. Imp. Cap. XX.

Dem
Durchlauchtigsten Fürsten und Herrn
Herrn
Karl Theodor

Pfalzgrafen bey Rhein, Herzogen in Ober- und Nieder-Baiern, des Heil. Röm. Reichs Erztruchseß und Kurfürsten, in den Landen des Rheins, Schwaben und Fränkischen Rechtes dermaligen höchsten Fürseher und Vikarius, zu Gülich, Cleve und Berg Herzogen, Landgrafen zu Leuchtenberg, Fürsten zu Mörs, Marquis zu Bergen op Zoom, Grafen zu Veldenz, Sponheim der Mark und Ravensberg, Herrn zu Ravenstein 2c. 2c. 2c.

Meinem gnädigsten Fürsten und Herrn Herrn

* 2

Durchlauchtigster Kurfürst,

Gnädigster Fürst und Herr Herr!

Ich nehme mir die Freiheit — Euer Kurfürstlichen Durchlaucht ꝛc. ꝛc. die Arbeit meiner Einsamkeit zu Füßen zu legen, und in tiefster Unterwürfigkeit zu zueignen.

Das Losungswort: es trift die Landesfürsten — es trift die Herzoge — es gilt das Baierland — das die alten Baiern — diese biedern Männer zur Vertheidigung ihrer Regenten und des Vaterlandes bey jeder Gelegenheit aufgerufen hat, hat auch mich zu dieser Arbeit aufgemuntert. Denn da bald nacheinander zwey Nürnbergische Druckschriften an das Licht getretten, und sogar von den Nürnbergischen Beamten an ihre vorgeblichen Unterthanen in der obern Pfalz, um diese in der Anhänglichkeit zu bestärken, eingeschwärzet worden sind, welche Druckschriften die kühnesten Grundsätze mit dem diktatorischen Ton der unwidersprechlichen Zuverläßigkeit in das Publikum debutiret, und die gerechtesten An-

sprüche

fprüche Euer Kurfürftlichen Durchlaucht ꝛc. ꝛc. als obfolete ver-
fchrien haben; fo fah ich mit wahrer Herzenskränkung, daß dadurch vielen das erzielte Vorurtheil eingeflößt und faft der Bei-
fall gewonnen worden ift.

Ganz in mir eingefchloffen ergriff ich demnach die Feder,
und wagte es mit den zwey Nürnbergifchen Scribenten, die felbft
Archive nnd Bibliotheken find, auf den Kampfplatz zu tretten.
Meine einzige Rüftung beftund in etwelchen Büchern, die ich bey
meiner Entfernung von Amberg im Jahr 1786. in der Eile zu-
fammenrafte — und das geringe Studium und die Erfahrung,
die ich feit 20 Jahren als Regierungsrath und Kanzler gefchöpft
hatte, mußten meine meiften Waffen feyn. Akten und Urkunden
mangelten mir ganz.

Es läßt sich also leicht denken, daß ich viele Behelfe nur zur Hälfte sagen konnte, und viele ganz unter der Zunge behalten mußte.

Damit ich aber bey dem Publikum die von den Gegnern ausgestreuten Meynungen entkräften möchte; so sezte ich die Geschichte des vorgegangenen Baierisch-Landshutischen Erbfolgekrieges voraus, welche manchem nicht unangenehm, und vielen nothwendig scheinen wird, weil sie den Beweis der nachgefolgten widerrechtlichen Veräußerung der damals von der Reichsstadt Nürnberg okkupirten Oberpfälzischen Länder heller aufklären kann.

Ich bedauere dabey unendlich, daß ich wegen den angemerkten Umstände dermal nur eine Skize der Ansprüche entwerfen, und die Rechte Euer Kurfürstlichen Durchlaucht ꝛc. ꝛc. nur auf der

Ober-

Oberfläche berühren, folgsam nicht mit jenen Beweisen, die die Würde des erhabensten Gegenstandes fordert, beleuchten kann! —

Ich bitte demnach gehorsamst, daß Euer Kurfürstlichen Durchlaucht ꝛc. ꝛc. das Opfer meines aufrichtigen Willens — als die Urkunde des von mir stets erwiesenen Eifers, und der ungefärbten Treue und Redlichkeit gnädigst aufzunehmen, und mich in beharrlich-höchsten Hulden und Gnaden zu erhalten geruhen mögen, wozu ich mich unterthänigst treu gehorsamst empfehle, und bis in die Grube beharre

Euer Kurfürstlichen Durchlaucht ꝛc.
Meines gnädigsten Fürsten und Herrn Herrn

unterthänigst treugehorsamster
Felix Adam Freiherr von Löwenthal.

Erster Theil

welcher enthält die Geschichte des Baierisch Landshutischen Erbfolgekrieges nach dem Tod des Herzogs Georg zu Baiern Landshut.

Einleitung

Veranlassung zu dem Baierischen Erbfolge Krieg 1.) durch die Vermählung des Pfalzgraf Rupert, mit der Herzoginn Elisabeth, aus Baiern, und 2.) durch Herzog Georgs Testament.

§. 1.

Nachdem der Herzog Otto I. von Wittelsbach im Jahr 1180. von dem Kaiser Friedrich I. in die seinen Vorältern abgenommenen Baierischen Staaten wieder eingesetzet worden war; so richtete er seine ganze Absicht dahin, daß die von seinem Stammhaus abgerissenen Güter und Herrschaften mit dem Bairischen Staatskörper wiederum vereiniget würden. Er und seine Nachkömmlinge betrieben dieses Geschäfte aufs eifrigste, und brachten durch Käufe und andere Handlungen einen wichtigen Theil ihrer

A

ihrer Länder wieder an sich). Der Kaiser Ludwig IV. Herzog in Baiern zerfiel zwar mit seinem Bruder Rudolph so sehr, daß eine gefährliche Fehde entstund, und Rudolph alle seine Länder verlohr: als aber letzterer im Jahr 1319 starb, war Ludwig so großmüthig gegen Rudolphs Söhne, daß er nicht nur sich mit ihnen aussöhnte, sondern auch einen Theilungs-Plan aller Länder, der ein Fideikommiß-Geschäft zum Gegenstand hatte, errichtete. Es wurde nehmlich in dem Vertrag vorzüglich bedungen, daß auf Absterben einer männlichen Linie die Länder der überlebenden Linie zufallen, und auf solche Weise bei dem männlichen Stamm ewig verbleiben sollten. Der Vertrag kam schon im Jahr 1320 zu Stande, und wurde im Jahr 1329. zu Pavia vollendet; daher man ihn den Hausvertrag von Pavia nannte. Ludwig hatte unter andern Söhnen auch einen Sohn Stephan II. Fibulatus mit Namen, von dem drey Söhne nehmlich Stephan III. Friedrich und Johann vorhanden waren. Diese drey theilten das Baier-Land (so viel sie von ihrem Vater ererbet hatten, in drei gleiche Theile, und errichteten im Jahr 1392. darüber die Theilbriefe. Sie verpflichteten sich mehrmal: daß die Länder immer beisammen bleiben, und nach dem Tod des Einen auf den Andern zurückfallen sollten. Die Männliche Linie des Herzog Stephan hatte sich nur auf dessen Sohn Ludwig den Gebärteten, und den Enkel Ludwig den Bucklichten, der aber noch vor seinem Vater im Jahr 1445. starb, verbreitet. Der Herzog Friedrich hinterließ einen Sohn Heinrich den reichen genannt, von dem Ludwig der reiche Herzog in Landshut entsprossen ist, welcher einen Sohn Georg den reichen ebenfalls Herzog in Landshut erzeugt hat, dessen Verlassenschaft die schwersten Fehden und die Abtrennung der dermalen in der Frage stehenden Nürnbergischen Aemter und Güter veranlasset hat.

Von dem Herzog Johann aber sind der Herzog Ernst und dessen Sohn Albert und Wolfgang abgestammet, welche zu der Zeit bei Leben waren, als der Streit über des Herzog Georgs Verlassenschaft in Bewegung kam.

§. 2.

Als nun des Herzog Stephans Abstämmlinge ohne männliche Erben dahin giengen, und dessen Linie mit dem besagten Ludovico Barbato im Jahr 1447. erlosch; so griff der Herzog Heinrich nach den erledigten Ländern, und obschon der Herzog Albert in München ebenfalls darauf Anspruch machte; so gab doch Heinrich vor, daß er dem verstorbenen Herzog Ludwig näher als Albert verwandt wäre. Er nahm daher nicht nur die ganze

ganze Ingolstädtische Landschaft, sondern auch die hinterlassenen Schätze und Gelder zu sich. Albert aber bekam nichts als das Städtlein Schwaben bey München, und das Schloß Lichtemberg und Bairbrun, und errichtete nachher am Mittwoch nach der heiligen Luzien Tag im Jahr 1450 mit dem Herzog Ludwig, Heinrichs Sohn einen Vertrag, und stellte sub eodem dato auch einen Reversbrief auf alle übrige Erbschaft aus, in welchem die Klausel war, daß es in Rücksicht der Erbfolge, in den Baierischen Staaten bey dem Herkommen und der Gewohnheit des Hauses sein Verbleiben haben solle.

§. 3.

Der besagte Herzog Heinrich strebte auch nach den Baitischen Ländern des im Jahr 1417. verstorbenen Wilhelm II. Herzogs in Baiern zu Straubing, und Grafen von Holland, des Sohns Albert L. Denn als Wilhelm keinen männlichen Erben, sondern nur eine Tochter Jakobäa mit Namen hinterließ; so wollte er alle in Baiern gelegenen Herrschaften vermög der Hausverträge ganz allein an sich ziehen. Die übrigen Herzoge behaupteten gleiches Erbschafts-Recht, und waren bedacht ihre Ansprüche auch mit Gewalt der Waffen durchzusetzen. Die Zwistigkeiten dauerten indessen fünf Jahre, da endlich der Kaiser Sigismund entschied, daß die Erbschaft des Herzog Wilhelm von Straubing in vier Theile getheilet, und dem Herzog Heinrich zu Landshut die Herrschaften zu Vilshofen, Landau und andere Oerter eingeräumet werden sollten.

§. 4.

Alle diese vom Herzog Heinrich erworbenen Länder, und die von ihm und seinem Sohn Ludwig dem reichen gesammelten Schätze und Baarschaften flossen auf den Herzog Georg in einer solchen Menge hin, daß er in der That und mit Recht mit dem Namen der Reiche ausgezeichnet wurde.

§. 5.

Der Herzog Georg war mit Hedwig einer Prinzeßinn des Königs in Polen Kasimir III. vermählt, mit der er drei Kinder, nämlich Ludwig, Elisabeth und Margareth erzeugte. Ludwig starb in der Wiege, und Margareth begab sich in das Nonnen-Kloster Altenhohenau.

A 2   §. 6.

§. 6.

Georg wollte bey einem so grossen Reichthum seine einzige Tochter Elisabeth recht standesmäßig versorgen, und sie zugleich als Erbinn seiner Baierschen Staaten einsetzen. — Er wählte für sie einen Ehegemal in der Person des Pfalzgraf Rupert Virtuosus genannt, des Sohns des Pfalzgrafen und Kurfürsten Philipp von der Pfalz, und Margareth, die des Herzog Georg Schwester, war. Rupert hatte sich zwar dem geistlichen Stand gewidmet, und das Bistum Freising übernommen, weil er aber noch jung war, so blieb das Bistum unter Administration; und da der Herzog Georg, der ihn als seinen Tochtermann erlieset hatte, bey dem Pabst Innocentius VIII die Dispensation auswirkte, so wurde Rupert mit der Prinzeßinn Elisabeth verehligt, und so ward das Band der Verwandtschaft, das zwischen Ruperts und der Elisabeth Eltern schon enge geschlossen war, noch mehr befestigt.

Um von dieser Verwandtschaft einen deutlichen Begriff zu machen, setze ich hier die Stammtafeln dieses erhabenen Ehepaars an:

Ludovicus seuerus.

Rudolphus	Ludovicus bavarus
~~Rudolphus~~ *Rdolph*	Fridericus
Rupertus	Henricus dives
Rupertus Röm. König	Ludovicus dives
Ludovicus	
Ludovicus	Georgius dives
Philippus	Elisabeth Pfalzgraf Ruperts Gemahlinn.
Rupertus Gemahl der Herzoginn Elisabeth.	

Hieraus erhellet, daß Rupert und Elisabeth von dem gemeinsamen Stammvater Ludwig dem strengen entstanden seyen, folgsam beide durch die Blutsfreundschaft verbunden waren.

§. 7.

Der Herzog Georg glaubte durch diese Verbindung seine Absicht für seine Tochter auf die Succession der Baierschen Länder zu erreichen. Dahero er selbe seinem Tochtermann in einem Testament, welches er zur Zeit, da er mit dem Kaiser Maximilian über das Gebürg nach Rom ziehen woll-

te, den 14ten September im Jahr 1496 errichtet hatte, vererbte. Er verordnete darinn, daß

1mo. sein entselter Körper in dem Kloster Selingenthal zu Landshut
begraben, zu einem Jahrtag 2000 fl. angeleget und 31000 ad pios usus ver-
wendet werden sollen.

2do. seiner Tochter Margaretha im Kloster Altenhohenau vermachte er
zu den vorigen 8000 noch weitere 8000 fl.

3tio. Die Prinzeßin Elisabeth, welcher er Einen von den Söhnen
des Kurfürst Philipp von der Pfalz zum Gemahl bestimmte, setzte er als
Erben des Fürstenthums, der Herrschaften, Schlösser, Städte, Land und
Leute samt allen Nutzungen, Freyheiten und Herrlichkeiten und allen Aeckern,
was er verlassen wird, nichts ausgenommen, ein. Damit aber sein letzter
Wille vollstrecket werden mögte, so benannte er den Kurfürst Philipp, den
Pfalzgraf Otto, den Graf Wolfgang von Ortenburg und noch mehrere
Grafen, Freiherren und Ritter zu Testaments-Exekutorn.

Auf solche Art handelte er wider denjenigen Vertrag, den er kurz zuvor mit dem Herzog Albert zu München geschlossen hatte, und worinn er
ihm seine Bairischen Besitzungen, im Fall er ohne Manns-Erben versterr-
ben würde, gemäß dem Hausherkommen und der Gewohnheit versprochen
hatte.

§. 8.

Im Jahr 1503. wurde der Herzog Georg von einer Magen-Krank-
heit befallen, die man einigen Lanzen-Stößen, so er auf dem Turnier zu
Nürnberg vom Kaiser Maximilian bekommen hatte, zuschrieb. Er wollte
nach Baaden in das Bad reisen um seiner Gesundheit zu pflegen; wurde
aber unterwegs so krank, daß er Halt machen, und in seine Residenz nach
Ingolstadt am Dienstag nach Michaelis zurückkehren muste. Er fühlte
nun, daß seine Lebenstage nicht lange mehr dauern würden, indem die Leib-
ärzte alle Hofnung der Genesung bereits aufgegeben hatten. Er berief dahero den Pfalzgraf Rupert zu sich, der auch am Dienstag vor Simon und
Judas in dem oben gesagten Jahr nach Ingolstadt kam, und nun ließ der
Herzog Georg seine Gesinnung durch den Abam Doringer, und seinen
Rentmeister im Oberlande Ulrich Alberstorfer dem Magistrat zu Ingolstadt
mit dem Beisatz eröffnen, daß die Bürgermeister samt dem innern und
äussern Rath nach seinem Ableben dem Pfalzgraf Rupert huldigen mögten.

Dieser

Dieser Antrag wurde durch den besagten Alberstorfer mehrmal mit Nachdruck wiederholet, allein der Magistrat zu Ingolstadt erwog, daß die zwey Herzoge in Baiern Albert und Wolfgang ihrem Recht so leicht nicht entsagen, und die Huldigung gleichgültig ansehen, sondern dagegen alle ihre Macht aufbiethen würden, besonders da diese zwey Herzoge kurz zuvor nämlich am Samstag nach Allerheiligen dem Magistrat ein Schreiben zugeschickt und ihre Rechte, die ihnen als nächsten Agnaten mit Ausschlus der weiblichen Erben, gemäß der Hausverträge gebührten, darinn angeführet, und wider alle Handlungen, die dagegen unterlaufen mögten, feierlichst protestiret hatten, mit der Bedrohung, daß sie ihre Rechte, da der Herzog Georg keinen Manns-Erben hinterlasse, mit aller Macht geltend machen würden. Es lagen dem Magistrat die Beispiele vor den Augen, da die Herzoge in Baiern in allen ähnlichen Fällen die erledigten Länder vi pactorum familiae behauptet hatten, und vorzüglich erinnerte er sich an das Urtheil des Kaiser Sigismunds, der nicht lange zuvor die Ansprüche, die sein Haus von einer weiblichen Abstammung auf die Verlassenschaft der Baierischen Herzoge zu Straubing herleiten wollte, den Verträgen der Bairischen Agnaten nachgesezet, und diese als rechtmäßige Erben erkläret hatte. Da also durch die jura et facta des Herzogs Georg und seiner Voreltern die Succeßions-Ordnung in Baiern bestimmt war; so sah der Magistrat wohl ein, daß die Herzoge Albert und Wolfgang darauf bestehen, und sogar mit den Waffen den Pfalzgraf Rupert verdrängen würden. So anhänglich nun die Ingolstädter an ihrem Herzog waren, und so gerne sie seinem Verlangen ein Genügen leisten wollten; so schüchtern waren sie es zu thun, da sie die Folgen der Huldigung überlegten. Zwischen diesen zwey Scheidewegen stunden sie also lange unentschlossen, und schlugen ihrem Herzog zwar nicht alles ganz ab, willigten aber niemals in sein Begehren ganz ein, obschon er ihnen versicherte, daß die Städte Landshut, Burghausen und Lauingen für seine Meynung bereits sich erkläret hätten. Am meisten brachte sie das Mandat des Kaisers Maximilian, welches den 24ten Oktober eintraf, in Furcht; wo iedem bey hundert Mark Löthigen Golds und Verlust aller Freyheiten verbothen wurde, jemand andern als den natürlichen und nächst gesipten Lehen-Erben nach Herzog Georgs Tod Pflicht, Huldigung und Gehorsam zu leisten.

§. 9.

Der Herzog Georg begriff also wohl, daß sein lezter Wille vielen Hindernissen ausgesezt war — er erinnerte sich des Verboths des Kaiser Maximilian worinnen dieser ihm schon im Jahr 1497. und erst wiederum den

24sten

24ſten Oktober des 1503ten Jahrs unterſaget hatte: ſein Fürſtenthum oder
irgend etwas, ſo von Alters her zum Haus Baiern gehörte, weder in ſeinem Leben, noch von Todes wegen in fremde Hände zu bringen, zu ver-
äuſſern zu vertauſchen oder ſonſt den Agnaten zu entwenden, als welches
ſchlechterdings unkräftig und ungültig wäre. Es war ihm auch nicht verborgen, daß die nämlichen Kaiſerlichen Befehle an die Land-Stände erfolget wären, — und über dieſes ſahe er kein Mittel übrig, den Kaiſer auf
ſeine Seite zu bringen, indem der Herzog Albert des Kaiſers Schweſter
zur Ehe, mithin auch den Kaiſer ſelbſt auf ſeiner Seite hatte, und würklich
auch ſchon vorläufig für den Herzog Albert von der kaiſerlichen geheimen
Raths-Stelle die Verſicherungsurkunden auf Herzog Georgs Länder aus-
geſtellet worden waren. Bey dieſen Umſtänden muſte der Herzog Georg ſich
entſchlieſſen anderswo Hilfe zu ſuchen, um ſeinem letzten Willen ein Gewicht
beizulegen. Zu dieſem Ende verband er ſich mit der Krone Frankreich,
mit dem König in Böhmen, und mit den Biſchöfen zu Bamberg, Würzburg und Eychſtätt. Er ſetze ſeinen Tochtermann zum Stadthalter, und
räumte ihm die Städte Neuburg an der Donau, Lauingen und noch mehrere ein, um ihm die angenehme Gelegenheit zu verſchaffen, damit er theils
das Zutrauen der Soldaten, und die Gunſt der Unterthanen gewinnen,
theils aber durch den Beſitz dieſer Güter die gehörige Macht in die Hände
bekommen ſollte.

§. 10.

Alles das wiederriethen dem Herzog einige Räthe, beſonders ſein Kanz-
lei-Direktor und geheimer Sekretär Dr. Wolfgang Kolber. — Allein es
half nichts. Kolber gab dem Herzog Albert in Geheim davon Nachricht,
allein es wurde entdeckt und Herzog Georg ließ ihn in den Kerker werfen,
und ließ gleich darauf 3300 Mandatsbriefe aufſetzen, um ſeinen Tochtermann im ganzen Lande als Erben zu erklären — aber Wilhelm von Rorbach, der auf Herzog Alberts Seite war, hinderte die Ausfertigung unter
allerley Vorwand ſo lange, bis der Tod den kranken Herzog Georg über-
eilte.

§. II.

Herzog Georg ſtarb endlich am erſten December im Jahr 1503. zu
Ingolſtadt. Sein Tod wurde bis am Sct. Nikolaus Abend verheimlichet,
wo ſodann der Leichnam nach Landshut geführet, und im Kloſter Selingenthal begraben wurde.

§. 12.

§. 12.

Der Pfalzgraf Rupert nahm sogleich Landshut und Burghausen in Besitz, und ließ sich huldigen. — Der Kaiser Maximilian hingegen belehnte den Herzog Albert zu Ulm, allwo eben damals der schwäbische Bund eine Zusammenkunft hielt, den 5ten Dezember im Jahr 1503. mit allen Baierischen vom Herzog Georg besessenen Ländern, und trug zugleich den Niederbaierischen Landständen auf, nichts zum Nachtheil der Reichs- und Lehengesetze zu unternehmen. Das nämliche Verbot wurde auch an den Pfalzgrafen Rupert den 19ten Dezember erlassen.

§. 13.

Die Afterfreunde des Herzog Georg, die in Ingolstadt verborgen waren, zogen nun die Larve vom Angesicht, und machten Anschläge, sich desjenigen Schatzes, den der verstorbene Herzog zu Burghausen hinterlegt hatte, zu bemächtigen. Die Land-Stände in Nieder-Baiern kamen auch in der Mitte des Dezember des obengesagten Jahres in Landshut zusammen, und ließen sich von den Dikasterien, und von dem Civil- und Militär-Etat den Eid leisten. Es wurde dieser Hergang dem Pfalzgraf Rupert mit der Erinnerung berichtet, daß er an den Kaiser sich wenden und die Belehnung bewirken möchte. Rupert ließ sich mit dem nicht begnügen, sondern foderte die Huldigung, worauf die Stände eine Bedenkzeit verlangten, bis der Kaiser entschieden haben würde. Auch diese Antwort beruhigte den Pfalzgrafen nicht. Er begleitete seine Foderung mit Versprechungen, und zog dadurch manche in sein Interesse. Der mehrere Theil der Stände aber beharrte auf dem einmal gefaßten Entschluß.

§. 14.

Die Unterhandlungen werden in Augsburg angefangen.

Der Kaiser machte einen Versuch die Zwistigkeit in Güte beyzulegen. Er berief die zwey Herzoge Albert und Wolfgang, dann den Pfalzgraf Rupert nach Augspurg, und da der gütliche Versuch den erwünschten Erfolg nicht hatte; so machte er den Antrag, die Sache den 5ten Februarius im Jahr 1504. in eine rechtliche Untersuchung einzuleiten, bey welcher Untersuchung dann der Kaiser Maximilian, und mehrere Fürsten des Reichs, die schwäbischen Bundes-Verwandten und auch einige von dem Landschafts-Ausschuß des Herzog Albert und der Landschaft des verstorbenen Herzog

Georg

Georg erschienen sind. Der versuchte Vergleich scheiterte, und es kam zu einem Schriftwechsel. Der Herzog Albert nahm den D. Lambarter Würtembergischen Kanzler; und Pfalzgraf Rupert den Dr. Leonhart von Egloffstein Domherrn zu Bamberg und Würzburg zum Rechtsbeistand. Jener forderte in der ersten Schrift die Immißion in alle Bairische Länder des verstorbenen Herzogs Georg, und in alle übrige Erbschafts-Stücke aus der Ursache, weil seine Prinzipalen, die Herzoge Albert und Wolfgang die nächsten Agnaten wären. Hierauf exzipirte Egloffstein im Namen des Pfalzgrafen Rupert am 6ten Februarius, daß nicht die besagten zwey Herzoge, sondern der Pfalzgraf Rupert und seine Gemahlinn sowohl vermög des Testaments als der natürlichen Erbfolge die Erben des Herzogs Georg wären. So wenig in Rücksicht der Mobiliarschaft diesen eine Hinderniß gemacht werden könne, um so weniger könne ein Zweifel wegen den Immobilien vorhanden seyn. — Inter immobilia seyen mehrere Allodial-Güter, mehrere aber mit Geld erkaufet worden. Mehrere Lehen wären gemeinschaftlich, und darunter mehrere, die nicht vom Römischen Reich herkämen. Die Meliorationen müsten bey den Lehen ebenfalls betrachtet, und den Erben ersezet, und vor allem die instituirte Leibes-Erbe, nehmlich die Pfalzgräfinn Elisabeth in die Güter immitiret werden. Lambarter replizirte am 6ten Februarius, daß die Immobilia größtentheils in feudis majoribus oder Fürsten-Lehen bestünden, in welchen die weiblichen Abstämmlinge vor den nächsten männlichen Agnaten nicht succediren könnten. Die Rechte der Anverwandtschaft seyen klar, und die Gewohnheit habe in Baiern dieses allgemeine Reichs-Lehen-Gesez erläutert, und in den Vorgängen bereits bestättigt, wogegen kein Testament zum Nachtheil der männlichen Agnaten und ohne Lehenkonsens mit Bestand errichtet werden könnte. Belangend die Mobilia: so seye bekannt, quod mobilia cedant Principatui; dahero auch die feuda dignitatum alle andere bona qualicunque ratione quaesita unter sich begriffen, weil wegen all dieser Güter der Lehen-Vasall dem Kaiser und Reich dienen müsse, — weil wegen derselben der Name eines Reichsunterthans geführt werde, — und weil dazu die Regalien gehöreten, über welch alles die Belehnung für den Herzog Albert zu Ulm erfolget wäre. Es wären sogar die sogenannten Lehen vom krummen Stab von keiner andern Beschaffenheit; und überdas seye vermög den ersten Verträgen und Theilungen des Herzogthums Baiern Ihnen (den Agnaten) das Recht ganz eingeräumet worden. — Die Landschaft hätte dazu gewilliget, — die Lehen müsten bey den Aeltesten in der Familie bleiben, — in den Haus-Verträgen seye sogar für Wittwen der ihnen zukommen sollende Theil bestimmt, und die Succeßion den Agnaten vorbehalten, und es seye darinn keinem erlaubt etwas dagegen zu disponiren. Zum Beschluß endlich seye der Ver-

B   trag

trag darüber selbst von Herzog Georg und dem Herzog Albert eingegangen, und bestättiget worden.

Nun kam es zur Duplik, worinn Eglofstein unterm 9ten Februarius zeigte, daß die Töchter nach göttlich- und natürlichen Rechten succedirten — gegenwärtig aber seye sogar dafür das Testament vorhanden, die vorhergegangenen Verträge seyen ungültig und wider die ebigen Rechte. Durch selbe würden nur die ersten Kontrahenten obligirt, es seye darinnen nichts von der detirten Tochter enthalten, und wenn es auch wäre, so verbände dieses sie nicht, weil es zu ihrem Nachtheil gereiche. Die Causa conservandae familiae seye in dem ohne männliche Erben verstorbenen Herzog Georg nicht vorhanden, mithin cessire auch der Effectus. Die Pacta wegen künftiger Succeßion seyen unhaltbar, wie aus den Rechten bekannt ist. Die Töchter könnten ohne einen besonders geleisteten eidlichen Verzicht nicht ausgeschlossen werden. Die Verträge seyen bei Tyrol und Holland außer Uebung gekommen — und es seyen auch die weiblichen Descendenten nicht ausgeschlossen, wie es die Consuetudines bezeugten. Nach gemeinen Rechten succedirten sie auch in mobilibus, in debitis, in allodialibus, in Hypothecis, in feudis emtis, in feudis haereditariis, in melioratione feudorum, in favore domini, u. s. w. Es seye in den Rechten ein Unterschied zwischen Mobilien und Immobilien, indem jene von diesen abgesondert werden müßten. Die Belehnung könne nichts als die Lehen betreffen. Durch die Lehen-Empfängnis gehe das Recht eines Dritten auf die Allodien nicht verlohren, und so weiters. —

Der Anwald des Herzog Albert trat hierauf am 12 Februarius mit der Triplik auf, und erwiederte, daß in Succeßions-Fällen nicht das göttliche und natürliche Gesetz, sondern die Jura Civilia entscheiden, und daß die Lehen-Rechte dem Natur-Rechte derogiren — die Herzoge in Baiern aber seyen Lehen-Erben. Den Töchtern könne der Lehenherr nur dann günstig seyn, wann keine männlichen Agnaten da sind. Die Verträge hätten ihre Kraft nach gemeiner Gewohnheit, selbst dann, wann in selben von künftigen Succeßions-Fällen die Rede seye. Die Stände des Landes bezahlten nach der Gewohnheit den Töchtern 32000 fl. pro dote. Der Herzog Georg habe in einem offenen Brief den Vertrag zu Gunsten des Herzog Albert angenommen, — es seye also dieser rechtmäßige Erb, vi pacti — (wenn je die Succeßion noch zweifelhaft wäre,) in die Verlaffenschaft zu immittiren.

Endlich folgte unterm 14 Februarius die Quadruplik des Pfalzgraf Rupert. Er wiederholte meistens seine vorigen Grundsätze. — noch mehr aber
erläu-

erläuterte er, quod dominus possit gratificari haeredi instituto in feudo dignitatis. Er zeigte auch, daß die Verträge und Reverse den verhandenen Kindern nicht nachtheilig seyen. Er habe durch Anordnung des Herzog Georg selbst Landshut und Burghausen acceptirt. Es seyen auch nachfolgende Güter erkaufet worden, als:

Kirchberg von den Grafen von Kirchberg um 47000 fl. Heydeck von den von Heydeck um 47000 fl. Ec von dem Georg Frauenberger um 14000 fl. Frauenstein vom Wilhelm Frauenhofer um 15000 fl. Weissenhorn vom Georg von Rechberg um 15000 fl. Reicheneck halb von den Eglofsteinern um 15000 fl. und halb vom Georg von Seckendorf um 12000 fl. Hohenstein und Hersbruck von der Abtißin von Bergen um 30000 fl. Die Judensteuer zu Regensburg um 44600 fl. Grafertshal und Marquartstein von der Margaretha Wartherin. Wemding von den Grafen von Oettingen um 30000 fl. Dietenstein von dem Arnold Frauenberger um 10000 fl. Friedberg mit dem Zoll am Lech um 50000 fl. Pernstein und Ransels von dem Grafen von Ortenberg um 30000 fl. Ebersbeint von dem Bischof zu Regensburg um 15000 fl. Laber vom Herrn von Laber um 20000 fl. Erneck und Ratzenhofen von dem Landgrafen zu Leuchtenberg um 14000 fl. Osterhofen vom Pangraz Buchberger um 30000 fl. Kufstein von Oesterreich um 25000 fl. Zangberg von Anna Harschkircherin um 5000 fl. Weinzehent zu Hailbrunn vom Grafen von Oettingen um 20000 fl. Hengersperg von Niederaltreich um 15000 fl. Salz-Zoll zu Frontenhäusen vom Georg Scherntaier um 6000 fl. Julbach vom Erich um 15000 fl. Neuburg vom Grafen von Graißbach um 60000 fl. Halb Flos von Böhmen um 10000 fl. Wartstein vom Grafen zu Wartstein um 4000 fl. Baldern vom Grafen zu Oettingen um 9700 fl. Gundelfingen vom Herrn von Wirtemberg um 40000 fl. Friedburg und Matikofen vom Harting von Egloffstein um 35000 fl. Vogtey von Niederaltreich vom Grafen Raboto von Hals um 3000 fl. Rentarigl vom Stift Passau um 9486 fl. Reichenhal vom Stift Salzburg um 40000 fl. Stamheim vom Bischof zu Eichstätt um 4000 fl. Allersperg vom Stift Eichstätt um 12000 fl. Utendorf von der Benigna Parspergerin Parkstein und Weyden um 30000 fl. Reyspach vom Hanns Warter um 15000 fl. Vorstern von den Glatzen um 3000 fl. Haylsberg um 4000 fl. Cänkhofen vom Grafen Heinrich von Dernberg um 8000 fl. Mässing um 2000 fl. Egelkhofen um 6000 fl. Harbach und Geisenhausen vom Grafen von Ortenburg um 10000 fl. Reichartshofen von den Preisingern um 18000 fl. Winzer vom Wilhelm Buchberger um 4000 fl. Trosperg — Traunstein — Kraybureg — Mermofen der Königin in Polen Wittum um 8000 fl. Otting — Julbach, Waldeck-Erneck von Herzog Ludwigs Gemahls Wittum um 70000 fl. Ratenberg von Oester-

B 2

reich)

reich um 50000 fl. Langingen vom Abt zu Fulda um 60000 fl. Tatnhausen vom Rechberg um 3000 fl. Neuburg am Inn auf Lösung um 36000 fl. Laufen, Reidstein, Liechtenstein, Preitenstein von Böhmen um 36000 fl. Wildeck, Wildshut — Wildenwart, Menheim vom Grafen von Oettingen um 30000 fl. Hilpoltstein vom Herrn von Hilpoltstein um 30000 fl. In Summa 1,385,486 fl.

Dahero verlangte der Anwald die Interzession der Fürsten und Freyen, so gegenwärtig waren, und zugleich, daß der Pfalzgraf Rupert von den Landständen angenommen werden sollte.

Am St. Valentins Tag den 14 Februarius übergaben endlich die Herzoge Albert und Wolfgang die Konflusions-Sätze. Sie allegirten ein ähnliches Beispiel von dem Herzog Ludwig zu Meran, der ebenfalls eine Tochter, die an den König von Frankreich vermählt war, hinterlassen hatte, und wo dessen ohngeachtet nicht diese, sondern der Herzog Hinrich als nächster Agnat in die Länder des Ludwig succedirte. Die Lehens Meliorationes gehörten, wie sie sagten, ebenfalls zum Lehen, und am Ende verlangten sie, daß sie von den deputirten Landständen zu Landesfürsten angenommen werden möchten, womit sie sich der rechtlichen Entscheidung submittirten, remota omni appellatione. Auch der Pfalzgraf Rupert überreichte am 17 März seine Konflusions-Sätze, er zog die Fälle an, wo die weiblichen Descendenten, wie in Burgund, Brabant und Holland succedirt hätten. Das nämliche seye in Katzenelnbogen, Rötteln, Leuchtenberg und Koburg geschehen. Das Beispiel des Herzog Ludwig ändre nichts, weil da vielleicht die Tochter renunzirt habe. Uebrigens habe die gegentheilige Submission nicht statt, weil nicht nach den Rechten verfahren worden. Doch wolle er geschehen lassen, daß gesprochen werde: ob er der Pfalzgraf sein Recht hinlänglich bewiesen habe.

§. 14.

Auf diese gegeneinander gemachten Foderungen beruhte der Prozeß der Herzoge Albert und Wolfgang wider den Pfalzgraf Rupert. Man gab sich von Seiten der Landstände alle Mühe, die Sache in gütliche Wege einzuleiten. Es waren sowohl die Landschafts-Verordneten, nämlich der Abt von Alteich, der Abt von Chiemsee, der Johann Adelmann, Deutschordens Kommenthur zu Blumenthal, der Sigmund von Frauenberg Freiherr von Hag, der Wolfgang von Aham, der Sigmund von Rorbach, der Georg von Frauenberg, der Adam von Dörring, der Johann von Closen, der Emmeram Nuß-

Nußdorfer, der Wolfgang Zirngast von Landshut und Veit Beringer von Ingolstadt, — als auch der Erzbischof von Mainz, und die Bischöfe von Augspurg, Eichstätt und Kur, dann die zahlreich versammelten schwäbischen Bundsverwandten berieret, die streitenden Theile zu vergleichen: und obschon die obigen Landschafts-Deputirten von ihrer für den Pfalzgraf Rupert ausgestellten Verschreibung kein Geheimniß vor dem Kaiser und den beeden Herzogen von Baiern, dann den anwesenden Reichsfürsten und Bundsverwandten machten; so war doch ihre Hauptabsicht immer dahin gerichtet, daß der Vergleich zu Stande gebracht, und andere gefährliche Fehden verhindert werden möchten.

§. 15.

Der Kaiser, der wohl merkte, daß der Pfalzgraf Rupert einen starken Anhang hätte, entwarf den 9 April folgende Friedens-Vorschläge:

1mo. solle der Pfalzgraf im Namen seiner Gemahlin alle Baarschaft, Kleinodien, Edelgesteine und Aktivfoderungen, mit Einschluß desjenigen Kapitals und der Zinsen, so der Herzog Georg beym Kaiser liegen hatte, erhalten.

2do. sollten ihm alle Schlösser, Städte und Flecken, so jenseits der Donau liegen, mit Ausschluß der Stadt Ingolstadt abgetreten werden.

3tio. solle er auch ein Drittel des Geschützes und den halben Theil des Getreids aus Herzog Georgs Verlassenschaft zu sich nehmen.

4to. solle ihm der ganze fürstliche Hausrath zukommen. Der kleine zum täglichen Gebrauch gehörige Hausrath aber solle immer demjenigen Theil, der die Schlösser, Städte und Flecken, wo besagter Hausrath aufbewahrt wird, bekommt, überlassen werden. Dahingegen sollten

5to. den Herzogen Albert und Wolfgang die Städte Landshut und Burghausen und alle übrigen Orte dießseits der Donau, Neuburg an der Donau und Reichartshofen ausgenommen, abgetretten, und ihm ein Theil des Geschützes und die Hälfte des Getreids aus Herzog Georgs Verlassenschaft eingeliefert werden.

6to. Wolle der Kaiser Ingolstadt, Neuburg und Reichartshofen in sein und der Landschaft Hände mit Vorbehaltung seines Interesse nehmen und bis zum Austrag behalten. Wegen welcher Orte er dann mit der Zeit durch seine Räthe entscheiden lassen werde.

§. 16.

§. 16.

Die Landstände des Herzog Albert, welche am 21. März angekommen waren, erbothen sich bey diesen Vergleichsartikeln mitzuwirken. Sie äußerten gegen den Kaiser, daß sie zwar zu Aichbach sich verbunden, und für den Kaiser sich verschrieben hätten, nichts vom Lande trennen zu lassen; und obschon sie von ihrer gemeinen Landschaft keinen weitern Auftrag und Vollmacht hätten, so würden sie doch, wenn die Sache in Güte oder im Rechtsweg auseinander gesetzet werden sollte, denjenigen als Landesfürsten erkennen, zu dessen Gunsten verglichen oder entschieden werden würde.

§. 17.

Mittlerweile verbreitete sich das Gerücht, daß der Pfalzgraf Rupert von Augsburg sich entfernen wolle. Der Bischof Friedrich von Augsburg, der Graf Adolph von Nassau, und die Gesandten des Bischofs von Salzburg zogen daraus die Vermuthung, daß diese Abreise zu einem Aufruhr Anlaß geben könnte. Dahero ließen sie einige von der Landschaft zu sich rufen, und begaben auf Befehl des Kaisers mit den Landschafts-Deputirten, nämlich dem Abt von Chiemsee, dem Sigmund von Frauenberg, dem Adam von Wrring und Vitus Bettinger sich zum Pfalzgraf, um ihm Vorstellungen zu machen, und die Abreise zu hintertreiben. Aber der Pfalzgraf antwortete ihnen, er habe seine Rechtssache in die Verhör gebracht, und dabey lasse er es bewenden.

§. 18.

Der Kaiser trat hierauf am Montag vor dem Ambrosius Tag mit einigen Landständen, und mit den Bischöfen zu Augspurg und Freising zusammen, und entwarf nochmal einen Vergleichsplan, vermög welchem es in des Kaisers Willkür stehen solle, wem er Ingolstadt oder die Gilt zuspreche — der Zehend zu Heilbrun aber dem Pfalzgraf Rupert übergeben, Reichenhall und Kühbühel dem Herzog Albert eingeräumet, und alles übrige nach seinem vorigen Vergleichs-Entwurf gehalten werden solle. Die Herzoge Albert und Wolfgang, so wie auch der Pfalzgraf Rupert verwarfen diese Vorschläge schlechterdings. Der Kaiser schickte noch mehrmal am nämlichen Tag die obenbesagten Deputirten zu dem Pfalzgrafen, um ihn zur Annahme des Vergleichs zu bewegen; allein dieser schlug denselben mehrmal aus, mit dem Beysatz, daß die Bedingnisse für ihn viel zu hart wären. Sollten aber gelindere und für seine Sache anständigere Artikel vorgeleget werden; so versprach

sprach er, er wolle gewiß nicht entstehen, selbe anzunehmen, um andern schäd-lichen Folgen und Verheerungen des Landes vorzubeugen. Der Kaiser ließ sich durch diese abschlägige Antwort noch nicht ermüden, sondern machte ei-nen neuen Versuch, den Pfalzgrafen auf mildere Gedanken zu bringen. Es war auch nunmehro Rupert nicht ungeneigt, gütliche Wege einzuschlagen; aber die Herzoge Albert und Wolfgang waren auf die von dem Kaiser vor-mals erhaltenen Verheissungen und die bereits erfolgte Belehnung stolz, und dermal weniger zu einem Vergleich geneigt als der Pfalzgraf selbst. Die Landstände setzten ebenfalls dem Pfalzgrafen zu, daß er wenigstens seinen An-sprüchen auf Ingolstadt entsagen möchte — allein er versetzte, es seyen die vom Kaiser vorgeschlagenen Vergleichsmittel unthunlich, und ihm und sei-ner Pfalzgräfin unendlich lästig, indem sie beede nicht gesinnet wären, noch auch mit Recht gezwungen werden könnten, ein ander Land, als ihnen ver-erbt worden, und nun ihnen zugehörig wäre, anzunehmen. Wenn ihm aber das Oberland, wie es Herzog Georg innegehabt, und auch die 25000 fl. Gilt zugetheilt werden wollten; so wollte er eine befriedigendere Antwort von sich geben. — Der Kaiser aber möchte nicht zu voreilig einen Rechtsspruch wider ihn erlassen, indem er noch nicht hinlänglich gehört sey, weil er nach Augspurg blos zum Versuch eines gütlichen Vergleichs berufen worden wäre. Wollte jedennoch der Kaiser wider ihn verfahren, so würde er sein Vaterland mit allen Kräften zu vertheidigen und seine Gerechtsamen zu schü-tzen wissen.

§. 19.

Nun giengen die buntesten Auftritte vor. Da der Pfalzgraf sahe, daß man an ihn zu sehr dringe, wollte er Augspurg verlassen: blieb aber, da der Kaiser seine Vermittlung ihm neuerdings versprochen hatte, dennoch zurück. Es wurden die Vergleichs-Vorschläge auf allerley Art modifiziret, bald aber von dem Pfalzgrafen, und bald von den zwey Herzogen abwechslungsweise verworfen. Es riethen die Kaiserlichen Räthe, daß man dem Pfalzgrafen alles Land jenseits der Donau und den Herzogen alles, was dießrits liegt, einräumen solle. Die schwäbischen Bundsverwandten hingegen trugen dar-auf an, daß man, um keinen unrecht zu thun, in possessorio sprechen möchte. Mit dieser Meinung waren auch die Landschafts-Deputirte verstanden.

§. 20.

Zwischen den entgegengesetzten Meynungen wollte der Kaiser fast so Et-was, das unter den verschiedenen Rathgebern nach Subarrhationen noch, wahr-

wahrnehmen, weil sein Hang für den Herzog Albert nicht allgemeinen Beyfall fand. Er brach also in die Ausdrücke aus: Wer Schenkung unter euch
nimmt, den soll künftig der Teufel und kein Engel helfen! quos ego: sed
motos praestat componere fluctus. — Der Kaiser schlug nach allen fruchtlos
angewendeten Mitteln einen andern Ausweg vor, daß nemlich der Pfalzgraf Rupert alles Land jenseits der Donau (Ingolstadt ausgenommen,)
dann alle Baarschaft, Edelgesteine, Silbergeschirr, das halbe Getreid, und
ein Drittel von dem Geschütz haben, die Herzoge Albert und Wolfgang
aber alles Land dießseits der Donau (ausgenommen Reichertshofen und
Neuburg) bekommen sollten. Sollten sich die Partheyen nicht einlassen, so
würde er entscheiden, und wider den Widerspenstigen den Beystand der
Fürsten auffodern. Wider diesen Vorschlag setzten sich die Deputirten der
Landschaft unter dem Vorwand, daß sie von den Ständen dazu nicht be-
vollmächtiget wären: es gebührte Ihnen auch nicht wider einen oder den
andern Fürsten zu handeln, ausser es wären dem Urtheil gemäß Ausschreiben
ergangen, und die Sache rechtlich entschieden. Diese Unterhandlungen
dauerten die ganze Fastenzeit fast Tag und Nacht fort.

§. 21.

Am Osterdienstag kamen auch die schwäbischen Bundsverwanden mit
einem Vergleichs-Projekt zum Vorschein, welches im wesentlichen eben so
lautete, wie der Kaiser schon öfters gesprochen hatte. Der Bund machte
dabey die Bemerkung, daß jeder Theil, der dagegen beschweret wäre, von
dem Kaiser von den Kurfürsten und Fürsten oder ihren Gesandten genugsam gehöret, und nach einem genüglichen Verhör beyder Partheyen beschie-
den werden solle.

§. 22.

Der Kaiser spannte ebenfalls seine letzten Kräfte an, und legte wieder
neue Vergleichs-Gedanken vor, vermög welchen Ingolstadt, Reichartshofen und Neuburg in des Kaisers und der Landschaft Hände gestellet, dem
Pfalzgrafen Rupert alles Land jenseits, und den beeden Herzogen alles
dießseits der Donau abgetreten werden sollte ꝛc. Da nun die beeden Herzoge sich dagegen setzten, und davon giengen; so berief der Kaiser den Pfalzgrafen zu sich, um ihn zu bereden. Allein auch dieser wollte sich nicht fügen, und erklärte, daß er das ohne Wissen und Willen seines Vaters und
seiner Gemahlinn nicht thun könnte, er wolle jedoch diesen beeden Bericht
erstat-

erſtatten. Und in dieſem Augenblick wurden die gütlichen Unterhandlungen, die auf beeden Seiten keinen Eindruck fanden, unterbrochen.

§. 23.

Die Land-Stände von Baiern haben auſſerdem dem Pfalzgrafen Rupert auch in der Stadt Aichach gütliche Vorſchläge gemacht. Da dieſer Vorgang hier eine Aufklärung giebt, ſo will ich von der Abſicht und den Verhandlungen, die dort vorgegangen ſind, eine kurze Erläuterung geben: Es kamen nehmlich vor der Faſten-Zeit im Jahr 1504. die Land-Stände welche nach Landshut beſchieden waren, in der Stadt Aichach zuſammen, und eröffneten noch am Faßnacht-Sonntag ihre Verſammlungen, die ſie bis in die Faſten fortſezten. Der Kaiſer war eine Zeitlang ſelbſt gegenwärtig, und es fanden ſich nicht nur die Herzoge Albert und Wolfgang, und der Pfalzgraf Rupert, ſondern auch die ſchwäbiſchen Bunds-Verwandten ſamt andern Reichs-Fürſten und Biſchöffen dabey ein. Die Deputirten der Städte wurden ebenfalls dazu gezogen. Man arbeitete von beeden Seiten an Vergleichs-Vorſchlägen; die Herzoge von Baiern deduzirten auch da ihre Gerechtſame mehrmal aus den alten Hausverträgen und beſonders aus dem Theilbrief der Herzoge Stephan, Friedrich und Jehann, und behaupteten die Einſezung in alle Länder des verſtorbenen Herzogs Georg, und ſogar in deſſen ganzes Vermögen. Der Pfalzgraf Rupert und deſſen Gemahlinn aber beſtunden auf dem Teſtament des Herzogs Georg, auf der natürlichen Erbfolge und der von dem beſagten Herzog bereits geſchehenen Uebergabe der ganzen Vermögens-Maſſe. Auch der Kaiſer Maximilian miſchte ſich in das Spiel, und kochte jene Vergleichs-Punkte auf, die er in Augsburg ſchon öfters- und allezeit fruchtlos vorgeleget hatte. Die übrigen Theile wie zum Beyſpiel die ſchwäbiſchen Bunds-Verwandten rückten ebenfalls mit ihren Erfindungen heraus, und zielten hauptſächlich dahin, daß der Kaiſer entſcheiden ſollte. Man nahm nebenbey von Seiten der Land-Stände noch andere Artikel in Ueberlegung, und wollte wegen der Steuern und anderer das Land und die Unterthanen betreffenden Verfügungen ſolche Einrichtungen treffen, damit niemand beſchweret werden möchte, die aber im Grunde alſo geſtaltet waren, daß der Pfalzgraf Rupert und ſeine Ehegemahlinn am meiſten gekränket worden wären, wenn ſelbige zu Stande gekommen wären. Beſonders ſezten auch die Landſtände auf den Ausſpruch des Kaiſers ihr größtes Vertrauen, und viele unter ihnen waren ſo zweizüngig, ſowohl für die Herzoge als den Pfalzgrafen, daß ſie für keinen Theil ſich herauslaſſen, ſondern nur denjenigen als rechtmäßigen Landesfürſten erkennen wollten, dem der kaiſerliche Spruch dazu beſtimmt

C   und

und berechtiget hätte. Sie waren also und blieben bis zum Ende dieses Kongresses wahre politische Achtträger. — Man drang auf diesem Konvent sehr in den Pfalzgrafen, daß er vorläufig auf die Städte Landshut und Burghausen Verzicht thun möchte, und man redete und handelte ganze Tage lang bis in die späten Nächte hinein, ohne daß im Wesentlichen Etwas anders geschlossen worden wäre, als was jeder Theil gleich anfänglich gefodert hatte. Des Kaisers Antrag, der auf Ingolstadt, Neuburg und Reichartshofen gerichtet war, fand zu Aichach wie zu Augsburg die meisten Schwierigkeiten, indem sowohl die Herzoge als der Pfalzgraf so Etwas darinn argwohnten, das ihren Vortheilen Abbruch thun könnte. Der Pfalzgraf fand vorzüglich anstößig, daß er wegen der Steuern verunglimpft wurde, und gab zur Antwort, daß man ihn und seine Pfalzgräfinn oder ihre Länder damit unrechtmäßig beläßige, indem sie das nicht bezahlen könnten, was sie nicht schuldig wären. Es seye auch nicht billig, daß andere foderten, was ihnen nicht gebührte. Auch er behalte das nicht gerne, was nicht sein wäre.

In der Hauptsache aber forderte er die Einsetzung in die ererbten Staaten. Da aber jemand vermeynte, daß er und seine Pfalzgräfinn unbillige Dinge forderten, so wollte er seine Ansprüche von dem Römischen Pabst, von dem König von Böhmen, von den Bischöffen zu Würzburg, von dem Marggrafen von Baaden und dem schwäbischen Bundes-Rath entscheiden lassen, indem er die Verhör zu Augsburg als eine rechtliche Handlung nicht annehmen könnte, die auch zu diesem Ende nicht ausgeschrieben, sondern nur zur gütlichen Uebereinkunft angeordnet worden wäre.

§. 24.

In Augsburg und Aichach war also kein Vergleich möglich. Die Herzoge Albert und Wolfgang stützten sich auf die kaiserliche Belehnung, und Gunst, und auf die Macht der Mirten, die auf des Kaisers Wink zu ihrer Hilfe bereit waren. Rupert stund bey dem Testament seines Schwiegervaters ebenfalls wie ein Fels unbeweglich. Beide Partheyen machten auch schon feindliche Vorkehrungen. Der Herzog Albert hatte sogar schon zu seinen Truppen sich begeben, um selbe in Ordnung zu bringen, und der Pfalzgraf war ihm nachgefolgt, und zu Nachts von Aichach fortgeritten, da er vernommen hatte, daß seine Pfalzgräfin die Stadt Landshut mit Gewalt der Waffen eingenommen hätte.

§. 25.

Nun eilte der Kaiser seine Rolle zu vollführen, er übergab dem nach
Augs-

Augsburg berufenen Reichs-Kammergericht die verhandelten Acten, und ließ den 20 April im Jahr 1504 den Bescheid abfassen, vermög welchem er als römischer König in der Sache zwischen den Herzogen Albert und Wolfgang an einem und Herzog Rupert und seiner Gemahlin am andern Theil nach genugsam vernommenem Verhör, und da der verstorbene Herzog Georg keinen näher gesippten Agnaten und Schwerdlehens-Erben vom männlichen Geschlecht und Stamme, dann die besagten Herzogen hinterlasse, und auch diese wegen dem verlassenen Fürstenthum bereits die Lehenpflicht abgeleget haben — aus diesen und andern redlichen Ursachen zu Recht gesprochen hat: daß die zwen Herzoge in das Fürstenthum des mehrgesagten Herzog Georg in Nieder- und Oberbaiern und in alle Grafschaften, Herrschaften und andere Güter inner und außer Lands, wie Herzog Georg das vom Kaiser und Reich zu Lehen getragen und innen gehabt hat, nichts davon ausgenommen, eingesetzet werden sollen. Doch behalte er als römischer König sein Interesse vor, so sein Fiskal anzeigt, deshalben zu handeln wie sich gebührt.

§. 26.

Man könnte sich freylich verwundern, warum der Kaiser mit solchen Riesenschritten zu einem Endurtheil geeilet und alles über Hals und Kopf abgebrochen habe, besonders da man in der Geschichte kaum lesen wird, daß in einer Streitsache gesprochen, und zugleich auf der Stelle exequirt worden ist, wie in dieser. Man kann nicht begreifen, warum der Kaiser, der die Baierschen Hausverträge zum Grund seines Bescheides geleget, dieselben in der Art des Prozesses nicht beobachtet hat, da doch die Partheien sich ausdrücklich darauf berufen haben, und der Pfalzgraf Rupert unter keiner andern Bedingniß in causa submittirt hat. Besonders citirte man von diesen Hausverträgen oft den Theilbrief vom Jahr 1392. worinn es heißt: „Es ist auch zu merken, ob unter uns vorgenannt Herren und fürsten ainer mit dem andern hinfür um kainerlay Sach Slossig wurden, so soll der britt fürst und Herr allezeit ein gleicher Mittler darunter sein, das es mit Lieb gestillt werd. Mocht im das nit gefolgen, so sol ietweder Herr unter den Stossigern, brew der seinen zu Schildlewten darzugeben: mochten die das nit verrichten, so soll der Herr der Antworter ist ainen Obmann dazu nehmen, aus des Herrn Rat der Mittler ist, und wie der dan das entscheidet, dabey sol es bleiben." — Aber an dem Kaiser hieng sein Interesse wie der Schatten an dem Körper — überdas war er Herzog Alberts Schwager, für dem der favor judicis auch aus dieser Ursache schneller wirkte. Man weiß auch aus der Geschichte, daß der Kaiser Friederich III. Maximilians Vater dem Herzog Georg schon gram war, und die Wahl zum Bistum Augspurg, die

die

die Herzoge in Baiern und vorzüglich der Herzog Georg auf seinen Vetter den Pfalzgraf Johann — den Sohn des Pfalzgraf Ludovicii nigri Stifters und Stammvaters der alten Zweibrückischen Linie hinleiten wollten, also geordnet habe, daß sie auf den Friedrich Graf von Zollern ausfiel. Noch mehr schmerzte den Kaiser Maximilian der Umstand, den der Herzog Georg bey Einlösung der Grafschaft Burgau, welche der Herzog Sigismund zu Tyrol dem Domkapitel zu Augspurg um ein Darlehen ad 32000 Dukaten im Jahr 1486. versezte, benuzet, und mit dem besagten Herzog Sigismund sich gütlich verstanden hatte. Es suchte der Kaiser allerley Ursachen hervor, um auch andere glauben zu machen, daß er Grund habe, dem Herzog Georg abgeneigt zu seyn, und gab unter andern vor, der Herzog wäre ihm in mehrern Fällen nicht mit jener Achtung begegnet, die er als Kaiser fodern könnte. Zu dem war auch der Herzog Georg jenem Bund beygetreten, der im Jahr 1491 zu Amberg wider denjenigen Bund geschlossen worden war, den der Kaiser hauptsächlich zur Kränkung der bairischen Herzoge im Schwabenlande errichtet hatte. Diese Triebfedern sprangen demnach auf einmal wider den Pfalzgraf Rupert und seine Gemahlin, und in dem nämlichen Augenblick trat auch der Reichs-Fiskal, der schon im Hinterhalt stund, auf den gegebenen Wink herfür, und legte dem Pfalzgräflichen Ehepaar das crimen laesae Majestatis zur Last, weil solches wider das kaiserliche Mandat sich vergriffen, mit den Waffen das Recht behauptet, und mehrere Orte wirklich eingenommen hätte. Dem Pfalzgraf und seiner Gemahlin war wider diese Anklage keine Rettung übrig — sie ließen also verfahren, und vertrauten ganz auf das vererbte Geld und die daraus entstehende Uebermacht. Es wurden beide als offenbare Rebellen, Landfriedensstöhrer und Verächter der kaiserlichen Majestät auf der Stelle in die Reichsacht und Oberacht erkläret, das nämliche Urtheil wurde auch auf ihre Helfer und Helfershelfer ausgedehnet, im ganzen Lande kund gemachet, und sogar an die Kirchthüren angeschlagen. Es fertigte der Kaiser schon vor der Publikation desselben an alle Städte die Dehortatorien, um sie von dem Pfalzgrafen abzuwenden, aus, und an die Stände von dem Regiment, das damals in Schärding war, ließ er ähnliche Mandate mit Anschluß seines Urtheils ergehen.

§. 27.

Mit allem dem war des Kaisers Unwillen wider den Pfalzgraf Rupert und seine Gemahlin noch nicht gesättiget. Denn es war ihm nicht genug, daß er seinen weltlichen Arm wider sie gezucket, und die ganze Erde, so weit er vermochte, in Bewegung gesezt hatte, er trachtete auch den päbstlichen Hof in seine Ligue zu verwickeln, und wider den guten Pfalzgrafen und
seine

seine liebe Ehehälfte den Donner aus dem Vatikan erschallen zu lassen. Keine vernünftige Seele konnte an dem ganzen Verfahren des Pfalzgrafen die mindeste Scheinursache eines Verbrechens, daß die päbstliche Ungnade veranlassen sollte, wahrnehmen. Seine politischen Rechtshändel stunden mit den kirchlichen in keiner Verwandtschaft, vielmehr hatte er selbst zu Aichach in der Fasten sein Zutrauen und die vorzüglichste Anhänglichkeit für den heiligen Vater ausgedrückt, und er hatte in seiner dort gegebenen Erklärung sogar kein Bedenken getragen, sich dem Ausspruch des Pabsts zu unterwerfen. Religionskränkung — Schmälerung der Geistlichkeit oder ihrer Güter — Stöhrung des Gottesdienstes oder guter Sitten — Vorwürfe, — welche man insgemein den Verfolgten und Unglücklichen, wie Pfalzgraf Rupert und sein ganzes Haus war, zu machen pflegt, waren in dem Busen des Pfalzgrafen kein Gegenstand der Gewaltthaten, die er nur auf die Erhaltung seines Erbes allein richtete. Geringschätzung gegen die Bischöfe konnte man ihm auch am wenigsten zur Last legen, indem er von diesen sehr viele sogar als Anhänger und Mittler gewählt hatte. Dem ohnerachtet wagte es der Kaiser, dem Pfalzgrafen Rupert hinterrücks von Rom aus einen Streich zu versetzen, weil er wußte, daß die Pfeile, die von der geistlichen Macht wider das Haus Wittelspach abgedruckt worden, immer die gefährlichsten gewesen seyen. Er hielt also dafür, daß diese auch für den Pfalzgrafen die tödtlichsten wären, wodurch alle Allirte, und im Lande gut gesinnte Bürger erschüttert, und zum Abfall von ihm bewogen werden würden. Wie sehr der Kaiser seine Galle in Rom ausgegossen haben müsse, kann man daraus schließen, weil der Pabst Julius dem Pfalzgrafen und Kurfürst Philipp zugeschrieben, und bey schweren Strafen ihm aufgetragen hat, daß er seinen Sohn zur Niederlegung der Waffen und der Ansprüche auf die Verlassenschaft des Herzog Georg vermögen sollte. Der Pabst schrieb auch dem Erzbischof zu Kölln, und trug ihm auf, daß er die Hauptleute zu sich berufen und sie zum Gehorsam gegen die kaiserlichen Befehle mit hinzugesezten Bedrohungen und Strafen bewegen solle. An den päbstlichen Legaten, Marianus von Bartholinis erfolgten zwey Aufträge, gemäß welchen er sich bey allen Erzbischöfen und Bischöfen verwenden mußte, damit die Anhänger des Pfalzgrafen bey schweresten Pönen und Kirchen-Interdikten zurückgerufen, und zum Gehorsam gegen die kaiserlichen Gebothe angestrenget werden möchten. Diese Schritte des römischen Hofes waren nun freilich nicht vermögend, den Pfalzgrafen von seinen Rechten und Ansprüchen also zurückzuhalten, daß er das einmal dafür gezückte Schwerd wegen diesen vom päbstlichen Hof erschlichenen Papieren in die Scheide stecken sollte.

§. 28.

Obschon der Pfalzgraf von dem Kaiser auf allen Seiten geängstiget, und er und seine Helfer in die Reichsacht erkläret, und sogar vom römischen Hof mit Interdikten bedrohet worden waren; so ließ er doch seinen Muth niemals sinken. Auch die Pfalzgräfin Elisabeth hatte einen männlichen, und der Würde ihres Gemahls und Hauses entsprechenden Charakter. Denn während daß der Pfalzgraf mit der Feder und mit dem Schwerd seiner Gemahlin Gerechtsame zu vertheidigen im Begriff war, war sie nicht weniger bedacht, die gemeinsame Sache zu betreiben, und sich in ihre Ansprüche einzusetzen. Sie schrieb also an die Stände und Städte, die ihrem seligen Vater unterthänig waren, und stellte selben vor, daß sie sich erinnern möchten, daß ihr Vater der Herzog Georg sie als rechtmäßige Erbin benennet, und allen seinen Unterthanen aufgetragen habe, sie in dieser Eigenschaft zu erkennen. Da nun ihr Gemahl zu Augspurg ihre Gerechtsamen aufgedecket, und die von den Herzogen Albert und Wolfgang dagegen angebrachten Foderungen widerleget, sofort auch sich erbothen hat, gemäß der zu Worms königlicher und des Reichs Ordnung, oder durch die vorgeschlagenen Austräge entscheiden zu lassen. Ihr Gemahl hätte sich auch in Augspurg in eine Verhör, jedoch nur so weit eingelassen, daß er verlangte, daß zuvor erkennet werden solle, ob er sein Recht hinlänglich bewiesen hätte. Allein auf diese Erklärung wäre gleich ein Bescheid, und zwar ein solcher Bescheid auf Andringen der Herzoge Albert und Wolfgang gefället worden, der ihr zum größten Nachtheil gereiche, und den sie anzunehmen nicht schuldig wäre. Es sollten also die Stände und Städte bedenken, daß ihr Gemahl ein Fürst von Baiern, vom Baierischen Herkommen, von einem ehrbaren fürstlichen tugendhaften Gemüth und noch jung seye, und drei kleine Söhne habe. Sie und ihr Gemahl seyen auch unabänderlich gesinnet, die Stände und Städte bei ihren Freiheiten zu schützen, und Glück und Belohnung dafür zu ertheilen, wenn die Stände und Städte sich ihr und ihrem Gemahl ergeben, und sie beede fähig machen würden, daß sie die Herrschaften behaupten, und auch ihre drei Kinder so erziehen könnten, damit diese als rechtmäßige Herren sich ebenfalls geneigt erzeigen mögen.

Diese Bitte, die von einer Fürstin, die vom Baierischen Geblüt war, herkam, brachte in den Herzen ihrer Landsleute die wärmsten Empfindungen hervor, so, daß sowohl der Ausschuß der Landschafts-Verordneten von Herzog Alberts Seite, als der Kaiser selbst schriftliche Gegenvorstellungen im Lande machen mußten, um das Winseln der Pfalzgräfin und ihrer drei Kinder zu ersticken. Es mußte also das Mitleiden der Gewalt weichen.

§. 29.

§. 29.

Anfang des Krieges.

Da Himmel und Erde wider den Pfalzgrafen und seine Gemahlinn aufgefodert, und sogar die in den Familien-Verträgen festgesezten Rechtewege Ihnen verschlossen worden waren; so hatten nun beede nichts anders übrig, als zu dem Schwerd zu greiffen, und ihre Sache unter Gottes Beystand durch die Waffen entscheiden zu lassen. Sie sahen zwar den Römischen Kaiser, die zwey Herzoge Albert und Wolfgang aus Baiern, den schwäbischen Bund, den Kurfürsten von Sachsen, den Herzog von Braunschweig einen grossen Theil der Baierischen Land-Stände den Landgrafen von Hessen, den Herzog von Würtenberg, den Maragrafen von Brandenburg, die Reichsstadt Nürnberg, und andere von Gewinnsucht erhizte Alliirte wider sich auftreten. Aber dessen ohngeachtet und obschon sie sahen, daß auch die kaiserlichen Mandate und Reichsachts-Erklärungen, wie auch die päbstlichen Bedrohungen die meisten für Sie gut gestimmten Fürsten und Bürger schüchtern gemacht hätten; so wusten Sie aber auch, daß ihre Feinde mit dem Geld, dem einzigen Vehikulum des Krieges in die Länge nicht aushalten, auch das nicht bezwingen würden, was der fast unermeßliche Schaz des reichen Herzogs Georg zu bändigen vermögend wäre. Auf diesen Schaz war Rupert so stolz, daß er all seinen Feinden trozte, und einen Wahlspruch in folgenden Reimen aufsezte:

Bund, hab stark und brich' nit,
Römischer König, du heist es nit.
Albrecht hats in der taschen nit.
Landgraf von Hessen schad mir nit.
Würtemberg fleucht von mir nit.
Brandenburg vermag es nit.
Ich will bleiben Pfalzgraf am Rhein,
und widerstehn allen feinden mein.
Landgraf von Hessen du kanst nit.
Alexander der geseht es nit.
Böheim nimm zu Gehülfen ich.
Henneberg, verlaßt nit mich.
Leuchtenberg das lobe ich.
Eine neue Münze vermag ich.
Der ganze Bund steht wider mich.
Darwider streit ich ritterlich.

Der

Der Pfalzgraf und seine Gemahlinn sezten überdas ihr Vertrauen auf die Krone Frankreich, welche den Plan des Kaisers durch sich und seine Alürten sich zu vergrössern mit scheelen Augen ansah. Sie versprachen sich auch Hülfe von dem König in Böhmen, oder hoften wenigst auf den Beistand einiger Mächtigen aus dem Böhmischen Adel.

In Baiern selbst hatten Sie viele Anhänger sowohl unter dem Adel und der Geistlichkeit, als auch unter dem Burger- und Bauern-Stande, welchen Sie theils durch Ihre Leutseligkeit, und theils durch eine unbegränzte Freygebigkeit für sich ganz eingenommen hatten.

Sie würden auch in der That die Uebermacht der Feinde weniger zu fürchten gehabt haben, wenn nicht die Meisten durch die Habsucht zur Fehde wider Sie hingerissen worden wären, die also nicht unter dem Schein eines Rechtes oder einer Prätension, sondern im Faust-Recht wider Sie auftraten. Denn da der Kaiser jedem dasjenige Land, so er der Pfalzgräflichen Parthey abgewinnen würde, schon vorläufig als eigenthümlich versprochen hatte; so war der Eigennuz das eigentliche Kriegs-Manifest, das alle Feinde Ruperts bewafnete, die mehr auf ihr Interesse als die Vortheile der Herzoge Albert und Wolfgang getrachtet hatten.

Vielen, besonders den Fürsten am Rhein war die Macht der Pfalzgrafen schon lange ein Dorn in den Augen, und es erwachte in ihnen der Unwille noch mehr, da sie zurückdachten, was ihnen der Pfalzgraf und Kurfürst Friedrich der siegreiche mit den Waffen an Ländern abgenommen hatten. Vorzüglich kränkte diese Erinnerung den Herzog von Würtemberg, und den Landgraf von Hessen, welche also in diesem für sie so wichtigen Zeitpunkt an Friedrichs Nachfolgern sich rächen wollten. Von dem nehmlichen Geist waren auch die angränzenden Bischöffe an der Rhein-Pfalz belebet, die ebenfalls ihre Seelenkräfte anspannten, und theils mit Hilfe, theils aber mit Rath das Eigenthum der Pfalzgrafen zu zerstücken sich bestrebten.

Die Reichs-Stadt Nürnberg hatte in dieser Zeit auch eine angenehme Aussicht in den pfälzischen Länder sich auszudehnen. Es war ihr nicht genug, daß auf dem per injurias temporum vom Nordgau getrennten Castrum der Reichs-Adler bereits eingenistelt hatte. Sie wollte nun auch ihre Gränze wenigst so weit erweitern, als ihr Gebiet schon ausmachte.

§. 30.

§. 30.

Auf solche Weise war es dem Kaiser ein Leichtes, daß er in einer Eile sieben Armeen in Baiern und am Rhein wider den einzigen Pfalzgraf Rupert, und dessen Vater den Kurfürst Philipp von der Pfalz konnte ausrucken lassen. — Der Herzog Albert wartete, wie gesagt, den Spruch in Augsburg nicht ab, sondern ließ seinen Bruder den Herzog Wolfgang zurück — er aber sezte in Baiern seine Truppen auf den Kriegs-Fuß, und musterte selbe zu München. Auch der Pfalzgraf Rupert, der wohl fühlte, daß seine Vorstellungen nichts ausrichteten, hatte sich fortbege-ben, und seinem General Weisbeck aufgetragen, daß er die festen Plätze mit Mannschaft versehen, und zugleich die unhaltbaren Oerter in Besitz nehmen sollte. Von selbiger Zeit an folgte Schlag auf Schlag — der Pfalzgraf zog mit seiner Armee aus — die Herzoge in Baiern Albert und Wolfgang führten ebenfalls ihre Völker von München und Werd oder Donauwerth fort. Der Marggraf zu Brandenburg Friedrich, und dessen Söhne Casimir und Georg fielen im Nordgau ein. — Die Reichs-Stadt Nürnberg gieng ebenfalls auf den Nordgau los. Der Landgraf von Hessen und der Herzog von Würtemberg überschwemmten mit ihren Kriegs-Heeren die Rhein-Pfalz, und der Kaiser drang in Elsaß, im Sund-gau, und Breisgau überall wider die Pfälzer vor, und nahm denselben alle Oerter, die er nur konnte, weg. Die Herzoge Albert und Wolfgang kün-digten überdas auch dem Kurfürsten Philipp von der Pfalz den Krieg schrift-lich an, obschon sie das nämliche gegen dessen Sohn Pfalzgraf Rupert aus der Ursache nicht thaten, und ihm keine schriftliche Kriegsankündigung zuschickten, weil sie ihn für den Aggressor erklärten. Auch der Marggraf von Brandenburg, vom Kaiser und Herzog Albert aufgehezt, schickte dem Pfalzgraf Rupert die Kriegsankündigung zu, wohingegen auch der Pfalz-graf sich nicht feig bezeigte, indem er den Georg von Elbing in einem mit einem weissen Kreuz bezeichneten Edelknabenkleid (massen die Parthey der Herzoge mit einem rothen Kreuz bezeichnet war) an die Herzoge Albert und Wolfgang im Namen des besagten Kurfürst Philipp abordnete, die Kriegs-Erklärung beantwortete, und den Krieg gegenseitig ankündigte. Der schwäbische Bund war so breiste, daß er den Kurfürst Philipp wider den Pfalzgraf Rupert zu seiner Gesellschaft einlud, worauf der Kurfürst antwor-tete, daß er den Herzogen Albert und Wolfgang nicht anhangen, sondern sich und den seinen selbst Rath und Hülfe schaffen werde.

§. 31.

Nun machte der Pfalzgraf Rupert den Anfang der Feindseligkeiten.

D Es

Es kamen 2400 Böhmen, die er von den böhmischen Edelleuten in Sold genommen hatte, nach Neuburg an der Donau, schlugen daselbst ihr Lager auf, und zogen sodann nach Landshut um mit Ruperts Völkern sich zu vereinigen.

§. 32.

Die Pfalzgräfinn Elisabeth wagte gleich anfangs eine der stärksten Unternehmungen zu der Zeit, da ihr Gemahl noch in Aichach sich befand, und dort keine guten Aussichten hatte. Sie belagerte nämlich in eigener Person im Monat April die Stadt Landshut. Ihr General Georg von Rosenberg, der einer der besten Feldherrn seiner Zeit war, und unter dem Kurfürst von der Pfalz Friedrich dem siegreichen in der Kriegskunst unterrichtet worden war, kommandirte die Belagerung. Er durchschoß mit Kanonenkugeln die Mauern; und obschon selbe von den Innwohnern auf der Stelle ergänzet wurden; so fuhr er doch fort so lange dahin zu schiessen, bis wiederum eine beträchtliche Oeffnung gemacht war. Der Kanzley wurde so heftig zugesetzet, daß die Land-Stände zum Theil heimlich entflichen, einige aber und unter diesen der Johann von Aichberg, der kurz zuvor hundert Fußgänger zur Wehre nach Landshut gebracht hatte, in das Dominikaner-Kloster sich verbergen mußten. Der Kassier Seyboltstorf sprang über die Mauer, schwamm durch den Isar-Strom, und rettete sich mit der Flucht. Die Belagerung war nun aufs äusserste gekommen, doch wollte die Pfalzgräfinn noch die Güte der Gewalt vorziehen. Sie schickte einen Edelknaben, der mit einem auf die Pfalz und das Baierland anspielenden bundfarbigen Wappenrock bekleidet war, in die Stadt, und ließ die Garnison und die Bürgerschaft zur Uebergabe ermahnen. Als aber diese Sendung fruchtlos war, so ließ sich der General von Rosenberg am Berge bey Landshut mit seinen Soldaten sehen, und feuerte unaufgesetzt in die Stadt hinein. Der General Weisbeck von Wernberg — einer der vier Ritter des Heil. Röm. Reichs — zog mit einer Mannschaft vom Berg herab in die Neustadt, allwo viele Bürger mit einer Fahne stunden, mit welchen er sich vereinigte, und alle die, so sich mit der Parthey der Pfalzgräfinn vereinigten, mit einer weissen Binde bezeichnete. Der Leonhart von Frauenberg und ein gewisser Däschnitz waren als Beamte des Kaisers in der Stadt, und gaben sich alle Mühe die Soldaten und Bürger wider die Pfalzgräfinn aufzuhetzen, und in Ordnung zu erhalten. Allein die pfälzischen Truppen beschossen von zweyen Seiten das Rathhaus, in welchem eben damals der Magistrat versammelt war, und jagten die ganze Besatzung zum Thor hinaus. Die Pfalzgräfinn fuhr hierauf am 17ten April

siegreich

fiegreich auf das Rathhaus, unter Paucken und Trompeten-Schall, und nahm alle Inwohner in die Pflicht. — Ich habe oben gesagt, daß der Pfalzgraf Rupert damals noch in Aichach gewesen seye. Er soll damals eben in gütlichen Unterhandlungen gestanden, und damit schon soweit gekommen seyn, daß er und die Herzoge Albert und Wolfgang schon den Handschlag einander geben, und nur noch zuvor die Mahlzeit einnehmen wollten, als auf einmal die Nachricht von Landshuts Uebergabe eintraf. Der Kaiser, der dafür hielt, daß des Ruperts Vater dieses Unternehmen begünstiget hätte, soll, wie man behauptete, aufgerufen haben: ich bedaure den guten Pfalzgraf, dem vielleicht dieser Umstand um sein Erbe und Recht bringen wird! Da nun der Pfalzgraf von dieser Uebergabe noch nicht versichert war; so zog er in der Eile mit 600 Reitern, um keinen Lärm zu machen, in der Nacht fort, und verweilte zu Neumarkt in Baiern so lange, bis er von der Wahrheit der eingeloffenen Nachricht völlig überzeuget wurde. Er gieng sodann geraden Wegs nach Landshut, und ließ die Stadt mit frischen Festungswerken versehen. Alle Mauern und Thürme wurden in den dauerhaftesten Stand gesezt. Man machte Bollwerke, die unüberwindlich schienen, und um die Arbeit zu beschleunigen, wurde sogar an Feyertagen gearbeitet. Das auf dem Berg befindliche Schloß, das seiner Lage nach schon hart zu bezwingen war, wurde noch mehr befestiget; und es wurden die Wälle um die Stadt so hoch aufgeführt, daß jedermann, der diese Werke sah, gestehen muste, daß Landshut unbezwinglich sey. Die Einnahme dieser Stadt kränkte den Kaiser solchergestalt, daß er in vollem Unmuth den Ständen und Städten das Verfahren des Pfalzgrafen und seiner Gemahlinn mit den schwärzesten Farben schilderte, selbes als Reichsgesezwidrig erklärte, und die Stände und Städte zur Anhänglichkeit für die zwey Herzoge in Baiern aufmunterte. Eben damals hat auch sein Groll den Bescheid für die Herzoge in Baiern und die oben besagte Achts-Erklärung wider den Pfalzgrafen und seine Helfer zur Welt gebracht. — Die Bürger von Landshut, welche ebenfalls entweder diese Einnahme nicht verdauen wollten, oder sich nur so stellten, gaben eine umständliche Belagerungsgeschichte heraus, und rechtfertigten sich sowohl vor den Land-Ständen als den übrigen Städten, wodurch sie zu erkennen geben wollten, daß sie zur Ablegung der Pflicht gezwungen worden wären.

Diese Uebergabe hatte auch die Versammlung des Landtags zu Aichach neuerdings veranlasset, allwo man Mittel finden wollte, den Pfalzgrafen von seinen Eroberungen zurücke zu halten, — im Grunde aber ihn ganz zu vertilgen. Allein der Pfalzgraf ließ sich in seinem Vorhaben nicht irre machen, sondern besezte die Stadt Landshut, nachdem sie von ihm auf das treff-

lichste

lichste befestiget worden war, mit hinlänglicher Mannschaft. Es lagen nicht nur seine Soldaten, sondern auch die Böhmen darinn. Es kam öfters zwischen diesen beeden zu Handgemengen, weil jene sich besser dünkten als die Böhmen — diese aber als Auxiliar-Völker einen Vorzug haben wollten; ja es brach endlich dieses Mißverständniß, da beede Theile vom übermäßigen Trinken erhizt wurden, in einem solchen Lärm aus, daß sie zweymal, nämlich am Sonntag, und Dienstag nach Jakobi einander angriffen, und auf beeden Seiten viele todt blieben. Es würde auch die Zwietracht nicht gestillet worden seyn, wenn nicht der Kommandant dazwischen gekommen, und sie auseinander geschafft, sohin die Böhmen gegen den Berg, die Pfälzer aber in die Stadt verleget hätte. Die Böhmen wollten einst mehrmal gar zum Thor gegen die Pfälzer einbrechen, von welchen sie aber einen solchen Widerstand fanden, daß sie mit blutigen Köpfen sich zurückziehen mußten. Der Pfalzgraf ließ hierauf die Rädelsführer, um neuen Unruhen vorzubeugen, aus der Stadt jagen. Auf solche Weise wurden gegen 200 fortgeschickt, hinter ihnen die Thore verschlossen, und so die Ruhe und Einigkeit ganz wiederum hergestellet. Die Landstände, welche in Landshut versammelt waren, mußten nach der Einnahme nach Dingelfing weichen. Als dieses der Pfalzgraf erfuhr, daß die Stände einen neuen Sammelplatz wider ihn in Dingelfing aufgeschlagen hätten, schickte er den General von Rosenberg mit 600 Mann dahin, welchem die Bürger, die die Eroberung der Hauptstadt Landshut erfahren hatten, die Thore öffneten, und dem Pfalzgrafen den Eid der Treue schwuhren. Der von Rosenberg foderte das nämliche von den dort befindlichen Land-Ständen, und als sie sich weigerten, so jagte er sie von Dingelfing fort, wo sie sodann nach Schärdingen sich begaben.

§. 33.

Was Ruperts erstes und glückliches Unternehmen noch mehr begünstigte, war die frohe Nachricht, daß um die nämliche Zeit, als Landshut übergieng, auch Burghausen eingenommen worden sey. Es lag daselbst der unermeßliche Schatz des reichen Herzogs Georg. Ein grosser Thurm war das Behältniß, in welchem der Herzog Ludwig — Georgs Vater seinen Reichthum hinterleget, den Herzog Georg mit neuen Eroberungen vermehrt hatte. Vorzüglich waren unter diesem Schatz die zwölf silbernen Apostel und der ganz goldene Salvator mundi berühmt. Burghausen war vormals der Wohnsitz der Herzoginn Hedwig — Herzog Georgs Gemahlinn, welche, nachdem sie von ihrem Gemahl sich trennte, bis zu ihrem Hinscheiden alda sich aufhielt. Die Stadt selbst war sehr fest, mit zwey dicken Mauern umgeben,

umgeben, sie hatte ein festes Schloß, das mit starken Thürmen und Bollwerken versehen war, und sie war mit allen Bedürfnissen ausgerüstet. Der Sigmund von Thüngen zog mit den pfälzischen Truppen gegen die Stadt, und fieng an selbe förmlich zu belagern. — Die Besatzung that den stärksten Widerstand, und war nicht zu bewegen, in Güte sich zu ergeben. Allein Thüngen ängstigte selbe von allen Seiten — der Albertstorfer, der vormals das Kommando in Ingolstadt führte, und der Graf von Schwarzenberg, dann der Dietrich von Törring, die insgesammt mit den Würzburgischen Reitern von Ingolstadt ausmarschiert sind, vereinigten sich mit ihm, und da der Thünger mit einem heftigen Kanonenfeuer die Stadt beschoß; so fielen die Mauern zusammen, und zwar so, daß er mit seinen Truppen hineindringen konnte. Das Gefecht war hitzig, bis endlich die Garnison gezwungen war, die Stadt zu verlassen. Thüngen nahm für den Pfalzgrafen die Huldigung ein, und legte eine ergiebige Besatzung hinein, die meistens aus Böhmen bestund. Sobald nun die Stadt überrumpelt und eingenommen war, gieng über die umliegenden Oerter her. Man schickte Soldaten aus, welche die Schlösser der Edelleute besetzen musten, — alles was sich widersetzte, wurde niedergemacht, — Dörfer und Schlösser wurden geplündert, die widerspenstigen Edelleute, Burger und Bauern davon gejagt, und die willfährigen in die Pflicht genommen. Eine Menge mit Beute beladene Wägen kamen bald nachher in Landshut und Burghausen an. Die Pfälzer machten auch einen Ausfall nach Augsburg, hielten sich aber nicht auf, sondern kehrten bald wiederum zurück.

§. 34.

Während dem waren die Stände in Augsburg versammelt. Sie konnten die Einnahme der zwey beträchtlichsten Städte nicht verdauen. Vorzüglich grämten sich der Sigmund von Frauenberg zu Haag, der Johann Adelmann deutsch Ordens-Kommenthur zu Blumenthal, der Sigmund von Norbach des Kaisers Hauptmann zu Regensburg, und Peter Baumgartner der Rechten Doctor. Dahero fertigten sie am Pfingsttag im Jahr 1504 an alle Städte und Schlösser die gemessensten Ausschreiben aus, daß nunmehro, nachdem die Pfalzgräfinn Elisabeth die Stadt Landshut überfallen und eingenommen, sohin wider alles Recht, wider den Landfrieden, und wider die Verträge gehandelt habe, alle Städte und Schlösser hinlängliche Mannschaften an sich ziehen, die Wachen gut bestellen, Thore und Brücken verschliessen, und den thätigsten Widerstand leisten sollten.

§. 35.

Nachdem also Landshut und Burghausen und überhaupt die größten Vortheile in Ruperts Händen waren; so säumten seine Generale nicht, immer weiter zu greifen. Der General Wisbeck eilte nach Craiburg und Oettingen, nahm beede Oerter in den Besitz, und griff nachhin auch Braunau an. Er forderte diese Stadt zur Uebergabe auf, weil sie aber dazu sich nicht verstund, so wurde selbe beschossen. Wisbeck besetzte alle Zugänge um den Sukkurs des Herzog Albert abzuschneiden, und bombardirte selbe so stark, daß eine grosse Breche in der Mauer entstand. Obschon die Bürger vorhersahen, daß der Ort würde bestürmt werden, so wehrten sie sich doch auf das äusserste, endlich aber machten sie auf Einrathen des Plattner, den sie als ihren Anführer gewählt hatten, selbst dem Kommandanten, die Bedrohung, daß sie die Stadt-Thore öffnen würden, wenn er nicht kapituliren wollte. Wisbeck kam selbst in die Stadt um die Besatzung und Bürgerschaft zur Uebergabe zu bereden; allein die Stadt erhielt von den Land-Ständen einen Sukkurs, worauf die Soldaten und Bürger neuen Muth faßten, und durch ihren hartnäckigen Widerstand dem Belagerer Mühe machten, ja sogar einen Ausfall wagten, wodurch Wisbeck einen grossen Schaden erlitten hat. Er zog sich also zurück, und eilte mit seinen Truppen nach Erdingen, indem er Nachricht erhielt, daß diese Stadt, welche sich zuvor nämlich am 22sten April den Pfälzern ergeben hatte, vom Herzog Albert belagert werde, und in die Länge nicht aushalten könnte, wenn Wisbeck nicht zu Hülfe käme. Aber Erdingen war durch Johann und Andreas von Sonnenberg Herren zu Scheer schon in Alberts Händen, als Wisbeck noch auf halben Weg war, und diese haben auch für den Herzog in der Stadt sogleich die Huldigung eingenommen, und auch die Bürger zu Braunau in Pflicht genommen.

§. 36.

Da dieses in der Gegend vorgieng, sammelten sich im Isargau bey Dorfen über tausend Bauern, um zu Gunsten des Pfalzgrafen Rupert einen Aufruhr zu erregen. Sie schlossen unter Anführung eines gewissen Engelhofer und seiner Söhne einen Bund, den sie den Küttelbund nannten. Aber sie wurden zerstreut, bevor sie noch ihre Absicht ausführen konnten. Indessen fuhren die Generale des Pfalzgrafen fort, noch anderer Plätze sich zu bemächtigen. Sie nahmen Eggenfelden, Reichenberg, Pfarrkirchen und die umliegenden Märkte und Dörfer samt dem ganzen Rotthal weg, steckten Landsperg und das dabey befindliche Dorf in den Brand, und

setzten

fetzten die ganze Nachbarschaft in einen solchen Schrecken, daß viele Märkte und Schlösser sich freywillig ergaben. Landau folgte dem nämlichen Beyspiel, allwo ein Burger den Pfälzern das Schlos einräumte, welches diese so sehr befestiget hatten, daß es fast nicht zu bezwingen war. Es wurden alle Bauern und Häuser in der Vorstadt zusammengerissen, um Materialien zu den Wällen zu bekommen. Der Markt Osterhofen fiel gleich darauf in ihre Hände. Die Pfälzer foderten selben auf, und versprachen nichts feindliches zu unternehmen, wenn der Markt sich ergäbe, — ausserdem aber würde kein Stein auf dem andern bleiben. Da selber nicht widerstehen konnte, so wurden die Pfälzer eingenommen. Man gieng sodann nach Wasserburg. Die Stadt war zwar in etwas befestiget, und mit einem Wassergraben umzingelt, allein sie konnte keine Belagerung aushalten, sondern muste die Pfälzer einlassen. Sie würden auf dieser Seite ihre Eroberungen noch mehr verbreitet haben, wenn sie nicht vernommen hätten, daß der Herzog Albert mit einer starken Mannschaft sich näherte. Dahero begaben sie sich nach Landshut zurück um hinlängliche Verstärkung zu holen, indem sie merkten, daß sie dem Herzog, der mit 12000 Mann zu Fuß, und 2000 zu Pferd von München ausgerückt war, nicht gewachsen wären. Da nun der Herzog keinen Widerstand fand; so begab er sich nach Wasserburg, von dannen nach Braunau und endlich nach Eggenfelden, welche Oerter er in Besitz und in die Pflicht nahm.

§. 37.

Es verlautete indessen, daß von der kaiserlichen Besatzung in Linz 1000 Soldaten nach Baiern aufbrechen, und wider den Pfalzgraf Rupert agiren würden. Vilshofen war damals von den Pfälzern eingeschlossen. Die Baiern wollten von Straubing aus Hülfe schicken. Während dem traf die Nachricht ein, daß 1000 Pfälzer nach Schärdingen marschiret seyen. Es entstund dort ein Mißverständnis unter den Bürgern: einige wollten die Pfälzer einlassen, andere aber nicht. Da die versammelten Land-Stände sahen, daß durch die Verweigerung der Stadt ein grosser Nachtheil zuwachsen könnte; so wurde der Schlus gemacht, den Pfälzern die Thore zu öffnen. Es wurde mit Berathschlagungen der halbe Tag zugebracht, bis endlich die mehrern Bürger den Ausschlag gaben, daß man die Pfälzer einlassen, ihnen um ihre Bezahlung Lebensmittel reichen, und sie ohne Lärm durch die Stadt führen sollte: um aber dem Aufruhr und andern Ausschweifungen vorzubeugen, sollten eben so viele Bürger und Landschafts-Verwandte in der Stadt vertheilet werden, als die Pfälzer an der Mannschaft stark wären. Zuletzt rieth der Johann Closner — einer von der Landschaft

schaft, daß man vor allem mit den Pfälzern einen Akkord versuchen, und zuvor dem Kaiser von derselben Vorhaben Nachricht geben möchte Weil aber die Deputirten auf der Reise nicht sicher wären; so sollte die Pfalzgräfinn Elisabeth sowohl, als die Befehlshaber der pfälzischen Truppen um einen Stillstand ersuchet werden. Dieser Vorschlag des Closner hatte nun den allgemeinen Beyfall. Man wählte die Deputirten, bestimmte dazu den Abt von St. Nikola, den Christoph von Layming, den Johann Closner und den Jakob von Frauenhofen, und stellte ihnen die Kreditive aus. Zugleich wurde einer zu den besagten Befehlshabern geschickt, um den Stillstand zu bewirken. Da er zurückkam, giengen die Deputirten zu der Pfalzgräfinn nach Landshut ab; mußten aber eine geraume Zeit warten bis man sie zur Stadt einließ. Beim Eintritt ließ sie der Pfalzgraf bey einem gewissen Schwabelmayer einlogiren, und am folgenden Tag frühe in Gegenwart der Pfalzgräfinn und vieler Grafen, Freiherrn und Edelleute zu sich zur Audienz rufen, allwo sie ihren Vortrag machten, daß sie nämlich alle Mühe anwenden, und zum Römischen König selbst sich begeben würden, um den Frieden herzustellen. Es möchte also indessen der Pfalzgraf auch seiner Seits die Waffen niederlegen. Dieser Vortrag wurde von dem Pfalzgrafen zur Ueberlegung genommen, worauf er den Deputirten durch den General Georg von Rosenberg antworten ließ: er habe geglaubt, sie wären zu ihm in der Absicht gekommen um im Namen der Landstände die Erbhuldigung zu leisten, und sich als getreue Unterthanen zu bezeigen. Eben das seye auch sein Verlangen, und auf solche Weise seye er ganz entschlossen, sowohl die Waffen niederzulegen, als ihnen diejenige Huld und den Schutz zu ertheilen, den sie von ihm als dem rechtmäßigen Landesfürsten fodern könnten. Mit dieser Antwort war nun freylich die Gesinnung und Sendung der Deputirten nicht beruhiget. Sie wagten also neue Versuche den Pfalzgraf für ihre Meynung zu stimmen. Da alle fehl schlugen, und immer die nämlichen Antworten erfolgten, so begehrten sie einen Stillstand, und zugleich die Erlaubnis zum Herzog Albert zu reisen. Beedes wurde abgeschlagen; folgsam nahmen sie ihren Abschied, und kehrten nach Schärdingen zurück. Nach einer kurzen Zeit schrieb die Pfalzgräfinn selbst den Landständen nach Schärdingen, und wollte selbe auf andere Gedanken und zur Leistung der Erbhuldigung bringen, besonders nachdem sie die beträchtlichsten Oerter erobert, und in Bälde noch mehrere und wohl gar Schärdingen selbst zu besetzen Hoffnung hätte — allein die Stände ließen den Bothen nicht in die Stadt, und gaben auch nicht einmal der Pfalzgräfinn eine Antwort. Man mußte also damals den Gedanken auf diese Eroberung fahren lassen.

§. 38.

§. 38.

Obschon der Pfalzgraf und seine Gemahlin fast überall Widersprüche erfuhren, so säumten doch der Pfalzgraf und seine Generale nicht, ihre Schritte anderswo zu verdoppeln, und fast ganz Baiern in einer Eile zu überschwemmen. Es mußte sich alles, wohin sie kamen, ihren Waffen unterwerfen. Es hatte ein gewisser Freiherr von Aichberg ein festes Schloß, Mos genannt, das er als ein eiferiger Anhänger des Herzog Albert mit allem Kriegsvorrath versah. Es lag zwar auf einer Ebene, war aber sehr groß, und hatte trefliche Festungswerke, Wälle und Gräben, daß es den feindlichen Anfällen trotzen könnte. Die Pfälzer, welche nicht hoffen konnten, selbes so leicht mit den Waffen zu erobern, gebrauchten eine Kriegslist. Ein gewisser Rotmund war in selbem Kommandant. Er wagte sich in Person in das Lager der Pfälzer, um Friedensunterhandlungen zu pflegen, als er aber nichts ausrichten konnte, schlossen sich die pfälzischen Offiziers dicht an ihn, und kamen mit ihm in das Schloß, allwo sie sogleich Besitz nahmen, und alles plünderten. Die Besatzung mußte sich ergeben, und mit Geld sich wiederum loskaufen. Rotmund wurde gefangen gesetzt, und in Ketten geworfen, er entkam aber nach einer Zeit, und zog wie ein Vagabund herum. Das Schloß wurde vom Grund aus weggebrannt, und eben so verfuhr man mit den Dörfern, die in der Gegend waren. Der von Aichberg erlitt also einen solchen Schaden, daß er selber auf 32000 Goldgulden anschlug.

§. 39.

Auf einer andern Seite rückte der Hieronymus von Stauff mit 500 Baiern gegen Passau, und traf in der Nacht bey dem Kloster St. Nikola ein. Es wurde ihm anfänglich der Eintritt verwehrt, als er aber das Kloster zu beschiessen anfangen wollte, ließ ihm der Abt die Thore öffnen, und erlaubte ihm mit 16 Soldaten in das Kloster zu ziehen. Die übrige Mannschaft nahmen die Passauer Inwohner ins Quartier, um das Kloster von grössern Drangsalen zu befreyen. Wenn man den Mönchen, die in gegenwärtigem Fall vielleicht ihr eigenes Interesse hingerissen hat, glauben darf, so haben die Baiern hier allen äussersten Muthwillen ausgeübet, und weder für die Gesalbten des Herrn eine Achtung, noch für das schöne Geschlecht eine Schonung gehabt. Die Soldaten sollen vieles Geld, das sie aus der Beute gewonnen hatten, mit sich fortgeführt, und in Passau damit Waffen gekauft haben. Es mag etwa ein Vorfall, der einem gewissen Bauer Fuchs mit Namen begegnet ist, zu der Erzählung der Mönche den größten Stoff gegeben haben. Es wurden nämlich diesem Bauer ein Pferd, und die Tochter,

C

ter, und noch einem andern zwey Pferde davon geführet. Die Söhne kamen bey der Abenddämmerung — die Tochter aber in der Frühe — und die Pferde gar nicht zurück. Allein da ähnliche Fälle zu Kriegszeiten nicht selten sind, und sogar mitten im Frieden geschehen, da die Soldaten, wenn sie auch als Freunde in Quartieren sind, auf solche Abentheuer ausgehen; so siehet man, daß das Vorurtheil der Mönche die Sache übertrieben, und ihren Feinden wegen einzelnen Umständen zu viel Arges zur Last geleget habe.

§. 40.

Nun waren auch die Pfälzer in voller Bewegung, und wollten ihre Eroberungen weiter ausbreiten, sie hatten zwey Gegenstände vor sich. — Hauptsächlich war ihr Ziel neuerdings auf die Belagerung der Stadt Schärdingen gerichtet, weil aber diese Stadt sich mehrmal widersetzen wollte, so wollten sie den zweiten Plan wählen, und nach Cham aufbrechen, weil es verlautete, daß der Herzog Albert von den Böhmen, des Pfalzgraf Rupert Alliirten, eine große Schlappe bekommen hätte. Sie setzten also über den Innfluß, und verheerten alles, was ihnen auf dem Weg vor kam. Marktflecken und Dörfer wurden in die Asche gelegt. Zwey tausend Mann streiften nach Harkirchen, Junzingen und Rutich — legten in einigen Orten Feuer an, in andern aber plünderten sie. Es wurden an alle Aebte, Edelleute, Bürger und Bauern schriftliche Aufträge ausgefertiget, daß sie sich nach Burghausen begeben, und Brandschatzungen bezahlen sollten, wenn sie je von Einfällen und Feuerschäden frey seyn wollten. Sie brachten Sulzbach in Baiern unter sich, nahmen Eholfing in Besitz, und führten die Innwohner nach Grießbach. Fünf Einwohner wurden so lang in Fesseln gelegt, bis sie endlich mit Geld sich loskauften. Vom Kloster Aspach wurden zwey Ochsen gefodert, der Abt verweigerte selbe, hierauf wurde einer begehret, und als der Abt auch diesen nicht ausfolgen ließ; so drangen die Soldaten in das Kloster, und plünderten es so rein aus, daß die Mönche sich kaum mehr bedecken konnten. Alles Vieh, — der ganze Hausrath — alles Kirchengeräthe wurde fortgeschleppet, und sogar alle Lebensmittel mitgenommen, daß zur Speise der Mönche und der Klosterbedienten nicht einmal ein Ey zurück blieb. Das Kloster mußte überdas 120 Dukaten erlegen, worauf es das Viehe zurück erhielt, alles übrige aber den Soldaten zur Beute lassen mußte. Nachher traf das nämliche Schicksal den Ort Münster. Die Soldaten zerschmetterten die Kirchenthüren, erstiegen den Thurm mit Leitern, und nahmen alle Gerätschaften, die in selbem aufbewahrt lagen, und von großem Werth waren, weg. Sie sollen 40 beladene Wägen davon geführt, und keinen Nagel an der Wand zurückgelassen, ja sogar Stühle und Bänke, und was ihnen

nen

nen zum Fortbringen zu unbequem war, zerstöret haben. Von den Bürgern wurden noch überdas 150 Dukaten Brandschatzung eingetrieben.

§. 41.

Der Herzog Albert sahe, während daß die Pfälzer diese Eroberungen
machten, in Braunau ruhig zu. Es hat ihm der Abt von Aspach von dem
obengesagten Einfall Bericht erstattet, und seine Hilfe aufgefodert. Die
übrigen Marktflecken und Dörfer haben ihn um Beistand angerufen, und es
hat die ganze Gegend ihn um Schutz gebethen — allein er war zu nichts
zu vermögen, bis er endlich in etwas sich regte, und die Bürger von Schärdingen zu sich berief, und von ihnen mehrmal die Erbhuldigung verlangte,
die sie dann auch mit dem Beisatz leisteten, daß sie ihm so lange getreu seyn
wollten, als sie nicht von einem Stärkern überwältiget werden würden. Er
versprach ihnen Vieles, gab ihnen auch einige Freiheiten, und zog zur Belagerung nach Landau. Er kam zuerst nach Baierbach, und sodann nach Aldersbach. Der Abt von Aldersbach mußte sehr viele Drangsale von den
Baierischen Soldaten erdulden. Das Land klagte über die Ausschweifungen
der Pfälzer, aber da, wo die Baiern einkehrten, klagte man über diese eben
so wohl, so, daß man die Baiern wie die Pfälzer — beede in ihrem Vater-
lande — wie ausländische Feinde fürchtete. Die Baiern legten von ihren
Gewaltthätigkeiten in Aldersbach die sichtbaresten Proben ab. Es wollte der
Abt den Herzog Albert gewinnen, indem er ihm zwey schöne Pferde schenkte — aber während dem entwendeten dessen Soldaten dem Abt drey andere,
brachen die Scheuern mit Gewalt auf — nahmen Proviant fort, und, obschon sie nicht öffentlich plünderten, leerten sie doch die Getreidkästen, alle
Wein- und Bierkeller und die Küchen heimlich ganz aus. Sie trieben alle
Schafe davon, und schlugen sogar nur gleichsam zum Zeitvertreib die Leute
nach Belieben todt, welches alles so lang fortdauerte, bis der Herzog den
Marsch nach Landau antrat.

§. 42.

Auf einer andern Seite schwärmten die Pfälzer herum, und verbrannten alle Märkte und Dörfer, die sie nicht wohl behaupten konnten. Das
Kloster Rohr wurde vorzüglich hart behandelt. Die Bewohner desselben,
worunter auch Bairische Soldaten waren, setzten sich wider die anrückenden
Pfälzer, und warfen Bomben auf sie heraus. Allein der General Georg
von Rosenberg ließ das große Klosterthor einschießen, und seine Mannschaft
in das Kloster eindringen. Schon wollten die ergrimmten Soldaten alles

E 2

nie-

niedermachen, als die Mönche dem von Rosenberg zu Füßen fielen, um Pardon bathen, und diese auch endlich unter der Bedingniß erhielten, daß sie den Soldaten sieben Fässer Wein geben, und für die Brandsteuer 1200 fl. erlegen mußten. Hier wurde den Pfälzern viel Härte zur Last geleget, und im Lande ein weit feindlicheres Verfahren ausposaunet, als sie wirklich unternommen hatten — denn man beschuldigte sie, daß sie Kelche, Ziborien und Monstranzen samt andern Zierden aus den Kirchen geraubet, das Heiligthum entehret, Nothzucht begangen, und Mord und Brand angerichtet hätten, wo doch die ganze Nachbarschaft überzeuget war, daß sie kaum solche Feindseligkeiten ausgeübet hatten, als die Soldaten des Herzog Albert, die doch überall als Freunde und Beschützer des Vaterlandes angesehen werden wollten. Sie rückten zwar von da weiters vor, und erhoben in den neuen Eroberungen Brandschatzungen — sie brannten Oerter weg, und nahmen Beute ab — aber da sie wußten, daß alle die Bewohner der eroberten Plätze alle Anhänger des Herzog Albert wären; so war es Kriegsmanier, daß sie ihre Feinde und der Feinde Anhänger schwächen, und sie ausser Stand setzen mußten, ihnen ferner zu schaden.

§. 43.

So wie dort die Baiern, und hier die Pfälzer Märkte, Dörfer und einzelne Höfe weßbrannten; eben so handelten anderswo die Böhmen — des Pfalzgraf Ruperts Hilfsvölker. Sie bemächtigten sich der Stadt Cham, und unterwarfen ihrer Gewalt den ganzen dortigen Bezirk, theils mit bewaffneter Hand, und theils mit Akford. Die Oerter, die sich wehrten, wurden mit dem Feuer verheeret — besonders aber wütheten sie zu Trenbach, allwo sie das Schloß samt allen Gebäuden in Brand steckten, nachdem sie es vorher ganz ausgeplündert hatten.

§. 44.

Hag kam zur nämlichen Zeit sehr in das Gedränge. Der Eigenthümer des Schlosses Sigmund von Frauenberg war des Herzog getreuer Diener. Der Herzog hat ihn im Jahr 1485. zum Pfleger zu Neuburg und im Jahr 1493. zum Marschall gemacht. Er hat ihn neben andern zu seinem Testaments-Exekutor ernannt und er hat ihn mit Hilfsvölkern dem Kaiser Maximilian noch im Jahr 1497. nach Mailand zu Hilfe geschickt. Frauenberg war ein Verordneter von der bairischen Ritterschaft, und einer der ersten Landstände. Diese Umstände waren in den Augen des Herzogs Albert solche Beleidigungen, daß er des Frauenbergs Besitzungen feindlich be-

behandelte, und das Schloß belagerte. Das Schloß war ziemlich gut be‐
festiget. Als nun der Herzog Albert vor selbem sich lagerte, und in der
Güte nichts ausrichten konnte, machte er den Anfang zur Belagerung,
und war damit so glücklich, daß er es mit dem Degen in der Hand er‐
oberte. Es war schon den Soldaten die Ordre gegeben, selbes abzubrennen,
als seine Generale ihm Vorstellungen machten, und besonders den Beweg‐
grund anführten, daß die Gemahlinn des von Frauenberg eine Schwester
des Freyherrn von Aichsberg — eines der stärksten Anhänger des Herzogs
Albert wäre: und da auch diese dem Herzog zu Füssen fiel, so wurde zwar
das Brennen eingestellt — aber desto heftiger das Plündern angefangen,
so daß im ganzen Schloß nichts übrig war. Nachdem das Schloß aus‐
geplündert war, wurde die umliegende Landschaft mit Feuer und Schwerd
so greulich verwüstet, daß man kein ähnliches Beyspiel auch von dem
ausländischen Feind weder zuvor, noch nachher mehr erlebet hat. Der
von Frauenberg wandte sich an den Kaiser, weil er noch mehrere derley
Verfolgungen vermuthete, und entschuldigte sich wegen der verdächtiger
Neigung für den Pfalzgrafen Rupert, so gut er konnte. Dahero der Kai‐
ser ihm die Neutralität zugestand, bis endlich dessen Sohn Leonhard von
Frauenberg des Herzogs Albert Parthey und Dienste annahm, und da‐
durch seine Herrschaft vor weitern Gefahren sicherte.

§. 45.

Am Philipp und Jacobs Tage verfügte sich der Pfalzgraf Rupert,
da er seinen Marsch von Landshut aus genommen hatte, nach Neuburg
an der Donau. Er beschoß die Stadt mit anbrechender Nacht; er fand
aber nicht viel Widerstand, und konnte ohne besondere Gefahr in die Stadt
einrucken. Nun war sein erstes Geschäft, daß er die sämtliche Bur‐
gerschaft in die Pflicht nahm, und um seinen Feinden allen Unterschleif zu
verschliessen, die Vorstädte abbrannte. Von Neuburg aus schrieb er an den
Burgermeister und Rath zu Ingolstadt, stellte ihnen vor, daß der ganze
Rath zu Neuburg und die Gemeinde Ihn und seine Pfalzgräfinn als
rechte und natürliche Landesherrschaft angenommen, und in die Stadt ein‐
gelassen hätten; und begehrte, daß auch der Rath zu Ingolstadt dem näm‐
lichen Beyspiel folgen möchte, wofür er alle Freyheiten und altes Herkom‐
men bestättigen, und vermehren wollte. Allein er erhielt keine Antwort und
wurde auch nicht eingelassen; mithin zog er nach Rain, welche Stadt der
Pfleger Ottinger ohne mindeste Weigerung dem Pfalzgrafen übergab,
und samt der ganzen Bürgerschaft die Erbhuldigung leistete. Rain blieb
den ganzen Krieg hindurch dem Pfalzgrafen getreu.

E 3 §. 46.

§. 46.

Der Pfalzgraf kehrte nun wieder nach Landshut zurück, steckte unterwegs den Scheurershof — die Dörfer Aiglspach, Ilmendorf, Ernsgaden, Lintkirchen und noch mehrere Oerter in den Brand, nahm Ratzenhofen ein, und besetzte es mit einer Mannschaft.

§. 47.

Die Stadt Wasserburg ist den Pfälzern ebenfalls in die Hände gerathen. Obschon diese Stadt anfänglich dem Kaiser die Treue versichert, und den im Namen des Herzogs Albert abgeordneten Wilhelm Ahamer mit 50 Soldaten eingenommen hatte, weil ein Theil des Magistrats und besonders der Wolfang Baumgartner dem Herzog Albert sehr ergeben war, so haben doch andere, die dem Pfalzgraf Rupert geneigt waren, über die erstern das Uebergewicht erhalten, so, daß sie den Pfalzgrafen allgemein vorzogen.

Da die Stadt einmal pfalzgräflich gesinnt war, so achtete sie weder die Bedrohungen, noch die Schmeicheleyen, die der Herzog Albert, dem an den Besitz dieser Stadt viel gelegen war, machen ließ. Sie konnte die Bedrohungen mit Gewalt vertreiben, weil sie von dem Pfalzgrafen thätige Hülfe hoffen konnte, und auch wirklich erhielt. Die Schmeicheleyen aber fanden eben deswegen keinen Eindruck, weil der Herzog Albert selbe durch Unterhändler an die Stadt bringen ließ, die allem Ansehen nach selbst nur der Politik und den Zeitumständen fröhnten, und keinen festen Charakter hatten, im Grunde auch immer auf der Seite desjenigen waren, der zuerst kam, oder der der Mächtigere war, sohin ihren Landesfürsten bey dem nächsten Unglücksfall wiederum den Rucken kehrten.

Der Herzog Albert wagte demohnerachtet den gütlichen Versuch durch Vermittlung der Stadt Ingolstadt, die er damals in dem Besitz hatte. Er beredete nämlich den Magistrat zu Ingolstadt, daß dieser nach Wasserburg schrieb, die vom Herzog Albert empfangenen Wohlthaten anrühmte, die dem Kaiser schuldige Achtung, die göttliche Gerechtigkeit und noch mehr andere Dinge vorstellte, und zuletzt die Huldigung für den Herzog Albert anrieth. Daß dieser Schritt allein vom Magistrat zu Ingolstadt gewagt worden ist, kann man aus mehrern in der Folge vorkommenden Umstände vermuthen, indem die Bürgerschaft ganz anders gesinnt war. Aber der Magistrat, welcher vergessen hatte, daß der reiche Herzog Georg durch den

Pracht

Pracht seines Hofstaates einen grossen Reichthum auf die Stadt gebracht
hat, wofür er der Magistrat ihm nichts anders als verstellte Verbeugun-
gen erwiesen, und nun zur Zeit der Noth sogar seine Abstämmlinge verfolgt hat, mag man wohl hier des Lasters des Undankes eben so sehr be-
schuldiget werden, als in der nämlichen Epoche Männer von Rechtschaffenheit auftraten, die den Ruhm eines dankbaren Gefühles verdienten, wovon
die Stadt Wasserburg ein thätiges Muster zeigte. Es war nämlich in
diesem Ort ein gewisser Georg von Preyssing, der eine Pfälzerinn vom
Rhein, die Barbara von Vinningen zur Ehe hatte, die auf ihren Gemal
sehr wirkte, und machte daß er an die Parthey des Pfalzgrafen Ruperts
sich noch enger anschloß, als er mit selbem schon durch seine Ergebenheit
für den Herzog Georg verbunden war, indem er als der vertrauteste Freund
des Herzogs die Pflege Wasserburg erhielt, und sogar von ihm zum Testaments-Exekutor erwählt wurde. Preysing, der seinem Herzog immer
getreu war, änderte seine Gesinnung und Treue, die seiner Geburt und
Familie ganz eigen ist, auch gegen dessen Prinzeßinn und Schwiegersohn so
wenig, daß er eher Leib und Leben, Gut und Blut auf das Spiel setzen,
als die mindeste Spur einer Abfälligkeit gegen selbe äussern wollte.

Zudem gewann die Pfalzgräfinn die Bürger durch einen Brief, den
sie an selbe geschrieben, und sie darinn um Beystand angerufen hatte.
Sobald der Brief ankam, war die Freude und die Ergebenheit für die
Pfalzgräfinn allgemein, und es zeigten die Bürger laut ihr Misvergnügen
über des Herzogs Alberts Versicherungen, liessen die weiters abgeschickten
Deputierten als den Georg von Au zu Zimmern, den Wilhelm Ahanier
und den Bartholomäus von Schreck nicht mehr vor, und erklärten sich öffentlich für den Pfalzgraf, welcher von diesem Vorgang unterrichtet, seine
Truppen nach Wasserburg marschieren ließ. Weil nun zu gleicher Zeit auch
der Herzog Albert die Stadt mit Munition und Soldaten versehen hatte,
so nahmen die Bürger beym ersten Anblick der Pfälzer den Soldaten des
Herzogs Albert die Gewehre und Munition ab, und jagten sie zur Stadt
hinaus. Preysing, der in dieser Sache das Ruder geführt hatte, ließ auch
den Bothen des Magistrats zu Ingolstadt sammt seinem Brief zur Stadt
hinausführen, und erklärte dadurch gar deutlich, wie er und die ganze
Stadt gesinnet wären. Der Pfalzgraf begab sich demnach anfänglich mit
15 Reitern, und bald darauf mit 4000 Mann in die Stadt, welche ihm
auch nicht nur, so lange er lebte, getreu geblieben ist, sondern auch nach
seinem Tode den General von Rosenberg mit 400 Cavalleristen und 600
Infanteristen eingenommen, Ruperts Abstämmlingen die Treue geschworen,
und diesen Schwur der Treue bis zum erfolgten Machtspruch zu Cölln un-
verrückt

verrückt gehalten hat. Rein war die Absicht der Bürger, indem sie keinen Vortheil sondern Schaden von ihrer Treue gehabt, und unter andern sehr vieles Vieh verlohren hatten, das ihnen von dem oben besagten von Au entführet worden ist.

§. 48.

Da ich der Ordnung nach nun auch auf die Stadt Ingolstadt kommen muß; so bringe ich hier die Begebenheiten zu Papier, die vom Tod des Herzog Georg an bis zur Uebergabe an den Herzog Albert sich zugetragen haben. Kaum war der Herzog Georg verschieden; so wankten schon die Gesinnungen einiger Magistratspersonen für den Pfalzgraf Rupert und seine Gemahlin. Von des Herzog Georgs Dienern fielen einige ganz auf des Herzog Alberts Seite, die auch vom Magistrat einen ziemlichen Theil mit sich rissen, wodurch es geschahe, daß der Herzog Albert in die Stadt gelassen, der Pfalzgraf Rupert aber ausgeschlossen wurde. Denn da es verlautete, daß der Kurfürst Philipp von der Pfalz mit seinem Kriegsheere aufbreche, und die Gerechtsame seines Sohnes unterstütze, so dachte der Magistrat auf ein Mittel, wodurch die Stadt der Einquartierungen der pfälzischen Truppen überhoben werden könnte, und gab zu dem Ende vor, daß es noch nicht entschieden wäre, ob dem Herzog Albert oder dem Pfalzgraf Rupert das Recht gebührte. — Und dennoch wurde jener eingelassen, und dieser ausgeschlossen! Das einzige, was der Magistrat dem Andenken des Herzog Georg zu Ehren that, war, daß er die Vigilien halten ließ, und mit diesen war der ganze Zoll der Erkenntlichkeit für die unermeßlichen Schankungen, die Herzog Georgs Voreltern der Stadt verliehen hatten, entrichtet, und die Erinnerung daran mit dem guten Herzog begraben Anders dachte freilich die Bürgerschaft; sie erinnerte sich, daß sie von den Vorältern der Pfalzgräfin Elisabeth alle Quellen ihres Vermögens geschöpfet, von dem Grosvater, dem Herzog Ludwig dem Reichen die Stiftung der Universität, und des großen Spitales — und von dem Vater der Pfalzgräfin, dem Herzog Georg dem Reichen die vollkommene Einrichtung der besagten Universität, des Georgianischen Kollegiums mit vielen Stipendien, und noch mehr andere Stiftungen für die studierende Jugend erhalten, und dadurch einen reichhaltigen Nahrungszweig für sich und ihre späten Nachkömmlinge erlanget habe. Aber die Bürger mußten schweigen, weil wider sie die Macht zu groß war, der sogar auch andere weichen mußten, die doch vormals an dem Regiment saßen, wie die Folge zeigen wird.

Der Herzog Georg setze auf den Ulrich Alberstorfer, Rentmeister im Oberlande

lange sein ganzes Vertrauen, so, daß er in ihm, in dem Bernhart von Stauff, Freiherrn von Ehrenfels, und in dem Grafen Balthasar von Schwarzenberg gleichsam ein Triumvirat errichtete, und ihnen die Geschäfte nach seinem Tode so lang übertrug, bis der Pfalzgraf Rupert selbst selbe übernehmen könnte. Ja er bestellte den Alberstorfer sogar zum Rentmeister zu Neuburg an der Donau, und auch zum Testaments-Exekutor, um Ruperts Sache durch dessen Treue noch mehr zu befestigen. Nun diesem Alberstorfer machte der Magistrat den Vortrag, daß er den Kurfürsten von der Pfalz nicht einlassen wollte, weil die Stadt mit diesen Völkern zu sehr überladen würde, und weil in der Hauptsache selbst die Stadt dermal herrenlos, und von den vorigen Pflichten entlediget wäre. Da der Alberstorfer dieser Erklärung kein Gehör gab; so wendete sich der Magistrat an den Stadthauptmann Bernhart von Stauff, der ganz andere, und mit dem Magistrat gleichförmige Gesinnungen hegte, und mit diesem einig wurde, den Kurfürsten Philipp die Thore zu verschließen. Es geschahe demnach, daß das Kreuzthor und das Harderthor, bey welchen der Kurfürst etwa einrücken möchte, bey Tag und Nacht verrammelt, die Wachen bey den Thoren aufgestellet, und ihnen die Ordre gegeben wurde: daß sie sogleich, im Fall sie jemand anrücken sähen, Lärm machen, und den Eintritt verhindern sollten. Der besagte von Stauff trieb seinen Eifer noch weiter, indem er mit Gutheissen des Magistrats das Schloß besetzte, und überall solche Vertheidigungsanstalten traf, als wenn der Erbfeind im Anzug wäre.

Alberstorfer, der darüber sehr betroffen war, aber nichts ändern konnte, bekam indessen von dem Pfalzgrafen Rupert einen schriftlichen Auftrag, vermöge welchem er bis zum Ausgang der Sache im Namen des Pfalzgrafen die Geschäfte führen sollte. Er machte dem Magistrat die Eröffnung davon; mittlerweile aber beschloß der Magistrat die Wirzburgischen Reiter, welche in der Stadt lagen, und schon vom Herzog Georg in den Sold genommen worden waren, auszuschaffen, um bey dem Herzog Albert in keinen Verdacht zu kommen, wenn er Herr und Meister von Ingolstadt werden sollte. Das war nun das Signal, das der Magistrat wider die ganze pfalzgräfliche Parthey gab, und dieser alle Macht aus den Händen nahm, gegen des Herzog Alberts Anhänger sich länger zu erhalten. Alberstorfer wollte hierauf nicht mehr in der Stadt bleiben, weil er daselbst für den Pfalzgrafen Rupert nichts Gutes mehr zu hoffen hatte. Er zog also mit dem Grafen Balthasar von Schwarzenberg, Sigmund von Thüngen und dem Wirzburgischen Reitern am Samstag vor Weihnachten in einem sehr ungünstigen Wetter bey großem Schnee aus der Stadt gegen Rachertshofen und Freising nach Burghausen.

E

Der

Der von Stauff, der von dem Pfalzgraf Rupert abgefallen war, blieb in der Stadt, ordnete alle Handwerkszünfte und Studenten zur Vertheidigung, foderte von den umliegenden Dörfern, Feldkirchen und Meyling die Bauern zur Vertheidigung in die Stadt, und machte mit des Herzog Alberts Freunden den Bund, mit ihnen zu leben und zu sterben. Er verstund sich auch mit dem Magistrat dahin, daß der Proviant, so für die wirzburgischen Reiter bestimmet war, samt allen in des Herzog Georgs Verlassenschaft befindlichen Viktualien, als Schmalz, Fische, Getreid, Vieh, Mehl, Wein und so anders, gemeinsam aufgezehret werden solle, ohnerachtet diese Dinge doch kein gemeinsames Gut, sondern unstrittig das Erbe der hinterlassenen Prinzessinn, und ein wahres Allodial-Vermögen waren. Die Landschaft zu Neuburg setzte sich dagegen, und stellte dem von Stauff vor, daß diese Viktualien der Stadt nicht gehörten — wollte diese auf Essen und Trinken Anspruch machen; so sollte sie auf eigene Kösten ihre Küchen und Keller anfüllen. — Es verordnete also die Landschaft, daß alle weggenommene Viktualien, so wie auch die Hausgeräthschaften, deren einige aus dem Schloß davon getragen worden sind, zurückgestellet, und künftig auch alle übrigen Viktualien unbetastet gelassen werden sollten; zu welchem Ende der Kastner die Verwaltung derselben besorgen, und darüber Rechnung ablegen müste. — Allein der von Stauff, der vorgab, daß seine Anordnung zum allgemeinen Wohlstand des Landes erforderlich wäre, ließ sich nicht irre machen, sondern äußerte sich frey, daß er in seiner Lage esse, wann ihn hungert, und trinke, wann ihn dürstet, welches er auch einst zu verantworten sich getraue.

Die Landschaft zu Neuburg foderte zu gleicher Zeit, daß der Magistrat zu Ingolstadt seine Angelegenheiten vor die Landschaft nach Neuburg bringen sollte. Aber auch in diesem war der Magistrat nicht zu bewegen, sondern wollte mit Landshut verbunden seyn, oder selbst in seinen Ringmauern die Landschaft niedergesetzt wissen. Er wendete sich deßwegen an die Landschaft zu Landshut, erhielt aber zur Antwort, daß Ingolstadt nach Neuburg an der Donau einverleibet worden wäre, auch der Landschaft zu Neuburg frey stünde, ob sie in Ingolstadt oder in Neuburg ihren Wohnort aufschlagen wollte. Ob nun schon auch wider diese Aeufferung der Magistrat Etwas einzuwenden hatte, und darauf antrug, daß doch wenigstens abwechslungsweis zu Ingolstadt und Neuburg der Sitz der Landstände aufgeschlagen werden möchte; so fand doch auch dieser Antrag keinen Eindruck, weil die Landschaft wohl merkte, wohin diese Absicht gerichtet wäre. Indessen foderte die Landschaft am Sonntag nach purificationis im Jahr 1504. 20 Mann, welche wohl gerüstet, nach Landshut geschicket werden sollten, um den bevorstehenden Angriffen der Feinde zu widerstehen — ingleichen foderte sie

dar-

darnach am Donnerstag Pauli Bekehrung, daß die Ingolstädter mit einem oder zwey Vierteln wohl bewafnet sich gefaßt machen sollten, um im Nothfall dem Feind zu widerstehen.

Ingolstadt hat wie gesagt den Pfalzgrafen nicht eingelassen; ja Ihm nicht einmal auf den Brief eine Antwort gegeben. Ganz anders aber betrug sich diese Stadt gegen die Herzoge Albert und Wolfgang. Denn da diese den 20sten May im Jahr 1504. mit der Wagenburg nach Reichartshofen, welchen Ort der Georg Riederer ohne allen Widerstand Ihnen übergeben hatte, gezogen waren, — am folgenden Tag aber vor Ingolstadt das Lager aufgeschlagen, und mit 1000 Reitern und 8000 Fußgängern der Stadt sich genähert hatten; so wurden Ihnen die Thore frey geöffnet, und Sie von dem Magistrat, von der Burgerschaft, von der Universität und der ganzen Klerisei in einer Procession wie im Triumph eingeführet, und sodann nach gehaltenem te Deum laudamus in das Schloß begleitet. Nachhin mußten alle Inwohner den Huldigungs-Eid ablegen, und sich unbedingt erklären, die beeden Herzoge Albert und Wolfgang als die einzigen und rechtmäßigen Erb-Herrn und Landesfürsten zu erkennen.

Das war nun zwar die allgemeine Sprache der Inwohner, aber das Herz redete in vielen ganz anders, die an ihren Herzog Georg dachten, und von dessen Wohlthaten gerührt, den Abstämmlingen eine stille Huldigung weiheten; nunmehro aber der Zeit und den Umständen nachgeben musten. Auch die, welche zum Magistrat gehörten, und die Stimmen der übrigen Bürger leiten musten, waren nicht so ganz von Nebenabsichten rein, wie sie vor der Welt und ihren neuen Landesfürsten angesehen werden wollten. Ihre Anträge zielten sichtbarlich auf ihr eigenes Interesse, das sie in dem nämlichen Augenblick klar an den Tag legten, indem sie eine beträchtliche Konzessions-Urkunde ihrer Privilegien entwarfen, und den Plan den beeden Herzogen zur Bestättigung vorlegten, die auch mit ihrem Beyfall selbe zu sanktioniren um so weniger Anstand nahmen, als sie dadurch die neue warme Pflicht der Bürger subarrhiren, und derselben Treue auf das engste fesseln wollten. Sie bewilligten demnach erstens alle vorige Freyheiten. Zweytens verliehen sie das Gericht und den Burgfrieden, der zuvor dem Herzoge zu Baiern gehörig war, der Stadt, und erlaubten ihr, daß sie wie die Stadt München, künftig einen Richter setzen, und alle Gerichts-Ordnung halten dürfe, woraus sogar das jus gladii floß. Drittens räumten Sie der Stadt den Burggebiet also ein, daß auch diejenigen Dörfer, die zu Ingolstadt gehörten, darunter begriffen, und mit aller Obrigkeit ihr unterworfen wurden. Da die Stadt für die Waldung, Neuhau genannt,

bis-

bisher den Herzogen von Baiern jährlich ein hundert ungarische Gulden ewige Gilt ohne Ablösung bezahlen mußte; so haben Viertens die Herzoge auch diese Gilt ganz nachgelassen, und endlich Fünftens wegen der Salz-Straße, die nach Neustadt gezogen worden ist, eine hinlängliche Entschädigung versprochen.

Sobald diese Freyheitsbriefe ausgefertiget, und dem Magistrat eingehändiget waren, wurde der Verruf öffentlich in der Stadt vorgenommen, um alle Bürger in der Anhänglichkeit für die neuen Landesfürsten zu befestigen. Aber bey allen dem waren die Herzoge noch nicht so gesichert, daß sie sich ganz auf ihre Stärke verliessen oder verlassen wollten. Sie forderten also den Marggraf Friedrich von Brandenburg zur Besazung und Hülfe nach Ingolstadt, der dann mit seinem Sohn Kasimir und 600 Reitern am Freytag vor Pfingsten nach Ingolstadt gekommen ist. Die beeden Herzoge aber, und die besagten zwei Marggrafen sind, nachdem sie ihre Mannschaft einquartiret hatten, nach München gereiset. Kurz zuvor haben diesen beeden Herzogen auch die Herzoge von Sachsen Friedrich und Johann 200 Reiter unter dem Kommando des Johann von Wilsdorf zu Hülfe geschickt, die ebenfalls nach Ingolstadt verleget worden sind. Der Pfalzgraf Rupert war wegen diesem Vorgang sehr bestürzt, besonders da er das von Ingolstadt so wenig erwartet, als verdienet hatte! Die Pfalzgräfinn Elisabeth schrieb zwar an die Stände und den Adel, die damals in Ingolstadt waren, und trachtete beede zu gewinnen — aber da nichts auszurichten war, so suchte der Pfalzgraf anderswo sich zu entschädigen, zog nach Mainburg, schrieb daselbst Brandschatzung aus, und führte zwölf ansehnliche Bürger so lang als Geiseln mit sich fort, bis die Brandschatzung bezahlet wurde. Nun wagte es der Magistrat zu Ingolstadt den Bürgern zu Mainburg beyzustehen, und vereinigte mit sich das Gericht zu Wohburg um die Geiseln zu befreyen. Es hatte aber dieser Entschlus diejenige Wirkung nicht, die der Magistrat zu Ingolstadt erwartet hatte. Denn als die Bürgerschaft unter die Gewehre tretten muste, loderte in den Gemüthern der Bürger das Andenken an Herzog Georgs Wohlthaten und an das harte Schicksal von dessen tugendhaften, aber äusserst verfolgten Abstämmlingen auf; und vorzüglich beeiferte sich ein gewisser Bürger Lochhanns mit Namen, aus allen Kräften, um die Gährung in andern Gemüthern zu verbreiten. Es gesellten sich zu ihm zwey andere Bürger Leonhart Reßler und Schmaus, welche der Gemeinde vorstellten, daß ihr Magistrat sie unnüz in den Tod stürzen wolle, da sie doch nicht schuldig wären aus der Stadt zu ziehen. Es verließen hierauf viele Bürger die Gewehre und den Sammelplaz, überfielen den Magistrat mit Schimpfworten, welches
Lärm

Lärm blasen, und 200 Soldaten unter den Vorwand auf den Platz ausmar-
schiren ließ, als hätte die Bürgerschaft einen Aufruhr erregen wollen. Man
nahm die Rädelsführer zuerst beym Kopf — griff sodann nach andern
mit ihnen verwickelten Bürgern, und steckte alle insgesammt in die Gefäng-
niße, so, daß alle Schergenstuben und Thürme mit gefangenen Bürgern
angepfropfet waren. Zwey Landschafts-Deputirte, nemlich der Sigmund von
Rorbach), und der Wolfgang von Abam nahmen sich ihrer an, und rechtfertigten sie vor dem Magistrat, worauf zwar die Uebrigen losgelaßen, die drey
Rädelsführer aber — der Lochhanns, Reßler und Schmaus so lange nicht
auf freyen Fuß gelaßen wurden, bis sie einen Eid abgeleget, und sich verbunden hatten, daß sie diese Handlung niemand entdecken, gegen niemand deswegen Rache suchen, und den neuen Fürsten und dem Magistrat gehorsam
bleiben wollten. Der Magistrat zu Ingolstadt war mit dem noch nicht beruhiget. Er schickte Spionen aus, um die pfälzischen Truppen zu durchfor-
schen — nahm sogar die pfälzischen Spionen in Arrest, und mißhandelte sie
sehr hart. Der Graf Haug von Montfort, Kommandant zu Neuburg an
der Donau, gab sich demnach alle Mühe, ebenfalls einen zu bekommen, und
als ihm glückte, einen gewißen Ingolstädter Burger, Adam Vogler, zu erhaschen; so ließ er nach Ingolstadt Nachricht geben mit der Aeußerung, daß
er nunmehro Rache zu nehmen Gelegenheit hätte, jedoch wolle er nichts anders verlangen, als daß die Ingolstädter den arrestirten Wolf Staber gegen den obigen Vogler auswechseln sollten. Durch alle diese Anstalten, die
sowohl die zwey Herzoge in Baiern, als der Magistrat zu Ingolstadt wider
die pfälzischgesinnten Bürger getroffen hatten, ist zwar die Neigung für den
Pfalzgrafen Rupert in einigen geschwächt, aber bey weitem nicht unterdrückt
worden. Der Herzog Albert hatte davon nicht nur einen beynahe gegrün-
deten Verdacht, sondern auch fast überzeugende Spuren. Er wollte also ihre
Treue näher auf die Kapelle bringen, und die ihm gehäßigen Schlacken vom
reinen Gold der wahren Ergebenheit absondern. Hiezu nahm er folgende
Gelegenheit. Am St. Jakobstage fielen 60 Pfälzer und 14 Böhmen die
Bürger zu Geisenfeld an, und trieben über 200 Stücke Rindvieh und viele
Schafe davon. Herzog Alberts Soldaten durch die Bürger aufgefodert,
vereinigten sich mit diesen, und jagten den Beutemachern nach. Es kam zu
einem Scharmützel, Herzog Alberts Soldaten brannten die Dörfer Bruck
und Rötenbach, worinn ihre Feinde sich aufhielten, weg, und eroberten die
abgenommenen Beuten, verdarben also durch das Feuer mehr, als sie gewonnen hatten. Der Herzog Albert kam gleich darauf mit seinem Kriegs-
heere nach Reichartshofen. Er ließ daselbst seine Wagenburg aufstellen, die
rothe Fahne gegen Ingolstadt hin ausstecken, Lärm schlagen, und die Sturm-
glocke läuten, weil es verlautete, daß der Pfalzgraf Rupert mit seiner gan-

✦✦✦✦✦

jen Macht gegen Wolnzach im Anzug wäre. Der Herzog, der nun sicher glaubte, es würden alle Bürger von Ingolstadt ausrücken, und ihm zu Hülfe eilen, fand sich in seiner Meynung betrogen, indem nur einige zu ihm sich begaben. Er gieng also mit dem Marggrafen von Brandenburg selbst nach Angolstadt, ließ den Magistrat zu sich berufen, und gab ihm mit bittern Worten zu erkennen, daß er gar wohl wisse, daß sehr viele für den Pfalzgrafen Rupert gesinnet wären, und sich sogar erkläret hätten, sie gehörten demselben zu, daher er in Person die Musterung vornehmen müsse. Er gab demnach dem Magistrat einen Zettel, worauf die Namen — Hanns Cromer — alt Bernegker — alt Burkhart — alt Ganfelder und Peter Kaltschmied stunden — derjenigen nämlich, die pfalzgräfliche Herzen hätten. Er habe Ursache, sie aus der Stadt zu schaffen. Der Magistrat nahm diese Männer in seinen Schutz, und sprach für sie vor dem Herzog, so gut er konnte, besonders bat er den Herzog zu erwägen, daß diese dem Pfalzgraf vormals ergebene Bürger nach der ihm dem Herzog Albert geleisteten Huldigung nichts mehr unternommen hätten, zudem auch nicht einmal gehöret worden wären. Durch diese Rede ließ sich der Herzog zwar in so weit besänftigen, daß er die obigen Bürger verschonte — aber die, so ihm nicht zu Hülfe gekommen waren, und andere davon abgehalten hatten, nämlich der Peter Ramsperger, Andre Stornschat, Balthasar Marggraf, Appel und Tamaier mußten die Stadt räumen, und alle übrigen wurden angehalten, neuerdings den Eid der Treue zu schwören, und dem Hang für den Pfalzgrafen Rupert zu entsagen, mit dem Beisatz, daß alle diejenigen, welche künftig die pfalzgräfliche Parthey ergreifen würden, an Leib und Leben gestrafet werden sollten. Bey allen dem war die Anhänglichkeit an den Pfalzgrafen wie ein Fieber, das sich in der Gemeinde von einem Glied in das andere verbreitete, mit welchem sogar die Geistlichkeit angesteckt wurde, indem der Kooperator des obern Stadtpfarrers für die Sache des Pfalzgrafen in der Spitalkirche die Predigt öffentlich einrichtete, die der Kommandant von Stauff persönlich anhörte. Dieser ließ aber die zwey Stadtpfarrer zu sich berufen, und ermahnte sie in Gegenwart des Magistrats, daß sie die Bürger an die Pflichten genauer erinnern sollten, welche dem Herzog Albert geschworen worden sind, auch ließ er den Kooperator, weil er so ärgerlich wider den Herzog gesprochen hatte, von Stunde an aus der Stadt schaffen. Nun rieth freylich die Klugheit, daß die pfalzgräflich denkenden Bürger wenigstens äusserlich die Stimme ihres Herzens verheimlichten, obschon sie bey manchen Gelegenheiten dem herzoglichen Kommandanten und dem Magistrat einen Strich durch die Rechnung machten. Jener mag etwa die Politik gekannt haben, weil er zu seinen Unternehmungen nur gewisse von der Bürgerschaft wählte, wie es damals geschahe, als er am St. Lorenz Tage Abends mit 200 Mann Cavallerie und 600 Infanterie, dann

dem

dem vierten Theil der Bürger gegen Neuburg ruckte, um allbort die Do-
nau-Brücke und die Joche abzubrennen, allwo er aber so unglücklich war,
daß er mit Verlust und unverrichteter Dinge wieder nach Hause kehren
muste. Der Herzog Wolfgang, den sein Bruder nach dem obigen Hergang in Ingolstadt zurück ließ, besorgte ebenfalls von den Pfälzern einen
Anfall, und ließ deswegen alle Bäume ausser der Stadt niederhauen, und
die Häuser zusammen werfen.

§. 49.

Der Kaiser sah in diesen Zeitläuften, daß er mit seiner ganzen Macht,
und mit seinen ungleich stärkern Alliirten dennoch den Pfalzgraf Rupert
aufzureiben, nicht im Stande wäre. Er wandte also alle erdenkliche Mittel an, ihn ganz zu schwächen, und auf allen Seiten hilflos zu machen,
da er ohnedem in Vergleichung nur wenige und schwache Helfer hatte.
Zu dieser Absicht gebrauchte der Kaiser seinen Majestäts-Stral, vermög
welchem er alle, die dem Pfalzgrafen anhiengen, oder unter dessen Fahnen
dienten, zurückrufte, mit dem Anhang, daß ein Verweigerungsfall Ehre —
Titel — Wappen — Adel und Vermögen verlohren wären. Er fertigte
also auf die Anklage des Reichskammer-Fiskals, dieses ihm stets dienstfer-
tigen Sekundanten, das Mandat zu Inspruk den 25sten Junius im Jahr
1504. aus, und benamsete folgende Anhänger und Helfer, als: den Johann
Landgraf zu Leuchtenberg, Wilhelm Grafen zu Henneberg, Haug Grafen
zu Montfort Herrn zu Bregenz, Bernhart Grafen zu Eberstein, Georg
Herrn zu Limberg, Adam von Losenstein, N. von Trauen, Leo von Stauf-
fen, Reinhart von Neunck, David von Nusdorf, Ludwig von Hutten,
Georg von Ebling, Mang von Habsperg, Ludwig von Habsperg, Sigmund
von Thüngen, Georg von Rosenberg, Georg Wisbeck, Wilbolt von Schomberg, Caspar von Waldenfels, Arbogast von Rotenstein, Hanns Güssen,
Melchior Biswang, Georg von Fehlberg den ältern, Veit Danberger,
Hanns und Georg von Rechberg, Lutzen von Eyb, N. Neninger, Albrecht
von Landenberg, Mang Retzer, Hanns von Hartenstein, Fritz von Wol-
merßhausen, Hanns Leonhart von Absperg, Silvester vom Schomberg,
Christoph von Gich, Andreas Pflug, Konrad Halblützel, Michael Giekinger,
N. Capitain von Kützbühel, N. Pfleger zu Rosenheim. Dieses Mandat,
welches ganz im Ton der kaiserlichen Uebermacht abgefaßt war, und um
desto gefährlicher schien, weil es mit dem Fürneiß der Bigotterie überkleistert
war, blieb für basmal ein eitler Luft-Streich, und alle Ausfälle, die der
Kaiser um seinen Privat-Eigennuz zu vermummen, unter der Vormauer
der Religion auf die Gewissen der pfalzgräflichen Anhänger machte, waren
wie

wie Irrwische, die in dem Augenblick verschwinden, wo sie entstehen, und deren Feuer zwar in der Luft erscheint, aber nirgends zündet, und endlich wie der Thau zerfließt. Der Pfalzgraf Rupert selbst stund wie ein Fels unerschütterlich, und war noch immer auf sein Geld, und auf diejenigen Helfer stolz, die er damit gewonnen hatte, und da seine Anhänger bey dem Kaiser und dessen Alliirten weder einen Ersaz noch ein besseres Schicksal fanden, als sie bey dem Pfalzgrafen Rupert noch immer zu hoffen hatten, so dauerten die Fehden unter diesen Umständen auf beeden Seiten gleich hizig fort.

§. 50.

Die Stadt Landau war nun auch ein Gegenstand, auf den beeder Augen gerichtet waren. Der Herzog Ludovicus bavarus hatte sie im Jahr 1229. ziemlich fest erbauet. Der Pfalzgraf schickte zuerst seine Völker hin, um davon Besiz zu nehmen. Ein Burger zeigte ihnen den Weg, wo sie am leichtesten in die Stadt kommen könnten, und sie fanden keine Hindernisse selbe ohne Schwerd-Streich zu besezen. Obschon die Stadt eine starke Mauer, Wälle und Gräben hatte, und so beschaffen war, daß sie den Feind eine Zeitlang aufhalten konnte; so ließ sie doch der General von Rosenberg noch mehr befestigen, er ließ alle Bäume vor der Stadt niederhauen, und wie Wälle aufeinander häufen. Es wurden Pallisaden gesezt, und neue Wälle also aufgethürmet, daß man kein Haus sehen konnte. Rosenberg hatte den Kern seiner Soldaten, die in tausend Köpfen bestunden, bey sich zur Besazung, und erwartete muthig den Herzog Albert, der den 21sten Junius die Belagerung anfieng, und sein Lager nahe bey der Stadt aufschlug, aber selbes gar bald auf den nächsten Hügel versezen muste, weil die Pfälzer stark heraus feuerten, und grosen Schaden verursachten. Er befestigte sein Lager, und warf eine so hohe Schanze auf, daß seine Leute ganz gedeckt wurden; sodann aber schoß er mit aller Gewalt auf die Stadt-Mauer, und richtete auch vorzüglich das Geschüz auf den Kirchthurm, von welchem die Pfälzer stark in das Lager spielten, und viele tödteten. Er ließ auch das grobe Geschüz und die grossen Kanonen von Straubing herbeyführen. Landau zitterte vor allem dem nicht, und wollte sich zu keiner Uebergabe bequemen. Die Soldaten des Herzogs Albert erbothen sich zwar Sturm zu laufen; allein weil der Herzog sah, daß der Widerstand und die Hartnäckigkeit der Belagerten zu groß seyn würde, und er auch dem von Rosenberg als einem tapfern und erfahrnen Kriegsmann nicht traute, so getraute er sich nicht auf diese Art der Stadt sich zu nähern, besonders da er täglich erfuhr, daß alle seine Leute, die nur ausser dem La-

ger

ger sich sehen ließen, von der Stadt aus erschossen wurde. Der General von Rosenberg, so sehr er auch vom Herzog geängstiget wurde, blieb den Baiern so wenig schuldig, daß er sogar ohne Unterlaß Bomben hinauswarf, und die Belagerer ziemlich in die Enge trieb. Seine Soldaten waren auch so verwegen, daß sie öfters Ausfälle machten, und viele Beute mit sich zurück brachten. Es hinderte den Herzog noch ein andrer Umstand: es verlautete nämlich, daß der Pfalzgraf mit der ganzen Macht gegen ihn anrücke, und eine Schlacht liefern wolle. Der Herzog also, um nicht zwischen zwey Feuer zu kommen, war nun vorzüglich darauf bedacht, seine Truppen zu verstärken, und die Soldaten aus andern Garnisonen an sich zu ziehen. Es kamen ihn auch wirklich der Graf von Helfenstein und der Pfleger zu Griesbach mit einer zahlreichen Mannschaft zu Hülfe. Von Schärdingen stießen 50 Reiter, die meistens von Abel waren, zu ihm, worunter Bernhart und Erasmus von Seyboltstorf, Georg von Schenk, und Jacob von Frauenhofen sich befunden. Der Graf Wolfgang von Ortenberg kam auch mit 80 Mann zu Pferd und 200 zu Fuß an. Der Pfalzgraf Rupert war ebenfalls gut gerüstet. Er hatte treffliche Soldaten, die 2000 Mann zu Pferd und 8000 zu Fuß ausmachten, und meistens aus Böhmen und baierischen National-Truppen bestunden. Seine Generale waren geübt und im Unternehmen kühn. Des Pfalzgrafen Plan war den Herzog Albert im Lager anzugreifen; als er aber durch die Spionen erfahr, daß der Herzog ziemlich verstärket worden, und in einem so verschanzten Lager sich verschlossen habe, daß der Angriff entweder schwerlich gut ausfallen, oder den größten Theil der Armee kosten dürfte, so forderte er den Herzog schriftlich aufs freye Feld heraus, und als er keine Antwort erhielt, so ließ er sich von seinen Generalen bereden, für diesmal das Vorhaben aufzugeben, obschon er sehr erbittert war, daß er den Herzog nicht auf freyem Feld angetroffen, und Gelegenheit gehabt hatte, außer dem Lager sich mit ihm zu messen. Zur nämlichen Zeit machten die Bauern dem Herzog Albert viel zu schaffen, welche in der Gegend sich sammelten, und das Schloß Uttendorf einschlossen. Ihre Zahl stieg auf 700 Köpfe. Sie lagerten sich auf dem sogenannten Kuchelberg, und obschon sie nicht mit Gewehren und Kanonen, sondern nur mit Heugabeln und andern Bauernwerkzeugen versehen waren, so hatten sie doch Muth genug, dem Herzog Albert sich zu widersetzen, und ihn zu beunruhigen. Da der Herzog sah, daß er von dem Pfalzgraf, der sich mit seiner Armee zurückgezogen hatte, nichts zu besorgen habe; so schickte er den Graf von Helfenstein mit einer hinlänglichen Mannschaft ab, welcher in voller Wuth über die Bauern herfiel, viele todt schlug, und die übrigen in die Flucht jagte. Er zog sodann nach Pischelsdorf, warf die dortige Besatzung in Fessel, und plünderte die

Kirche

Kirche, wohin die Bauern ihren ganzen Reichthum hinterlegt hatten. Das Dorf ließ er abbrennen, und die Kirche wurde von dem nahen Feuer auch verzehrt. Von den Bauern blieben viele matt von den empfangenen Wunden in der Flucht auf dem Felde liegen und starben. Diejenigen aber, die sich mit der Flucht retteten, versammelten sich neuerdings und besetzten Friedburg, welches der Graf von Helfenstein, der hier eine List vermuthete, nicht mehr anzugreifen sich getraute, sondern zum Herzog Albert nach Landau zurückkehrte. Landau hatte nunmehr lange genug die Belagerung ausgehalten. Der General Rosenberg sah, daß es dem Pfalzgraf nicht möglich sey, ihm einen Sukkurs zu schicken. Er merkte auch, daß er den Herzog Albert nicht ermüden und zwingen könne die Belagerung aufzuheben, weil dieser immer näher vor die Stadt ruckte, und bereits sowohl den Kirchthurm als die Stadtmauer so zusammen geschossen hatte, daß er nun leicht einen Sturm unternehmen konnte. Er sann also auf eine Kriegslist, ließ alles, was die Soldaten und Bürger aufpacken konnten zusammenpacken, zündete an einer Seite die Stadt an, zog sodann wohl beladen des Nachts um 10 Uhr ohne das mindeste Geräusch aus der Stadt, und begab sich mit Herrn von Elbing zum Pfalzgrafen nach Dingolfing. Die Stadt brannte die ganze Nacht hindurch; mithin vermuthete der Herzog Albert, daß der General Rosenberg noch in selbiger sich befände. Er getraute sich also nicht in die Stadt zu ziehen, bis ein altes Weib ihm Muth machte, das in das Lager sich begab und den Abmarsch der Pfälzer ihm ankündigte. Er näherte sich demnach, und als er keinen Gegner fand, rückte er ein. Die Stadt war auf der Wasser-Seite ganz abgebrannt. Der Herzog selbst war in der Stadt doch noch nicht sicher, obschon kein Feind mehr vorhanden war; denn der General von Rosenberg und die mit ihm ausgewanderten Bürger hinterließen im Feuerwerk, das den Baiern noch manchen Schrecken einjagte. Sie füllten nämlich die Bomben, die sie nicht mehr mitnehmen konnten, mit Pulver, und legten selbe auf die Fensterstöcke. Als nun das Feuer sie erreichte, zerplatzten sie, und breiteten nicht nur die Feuersbrunst weiter aus, sondern setzten auch diejenigen in Gefahr, die da löschen wollten. Nachdem endlich alle Bomben zersprungen, und das Feuer gedämpft war, gieng das Plündern an, welches der Herzog anfänglich verbiethen wollte; als aber die bey ihm befindlichen Auxiliar-Truppen rebellirten, gab er ihnen die Stadt preis. Die Soldaten wühlten demnach alles, und sogar die Stadt-Mauern um, weil sie wohl wußten, daß die Pfälzer grossen Reichthum daselbst gesammelt hatten, den sie nicht ganz mitnehmen konnten. Sie fanden auch in der That noch eine beträchtliche Beute, die sie theils nach Schärdingen, theils nach Passau verkauften, da aber der Vorrath sehr groß war, so giengen viele Waaren um sehr geringen

gen

gen Preis weg. Da alles rein geplündert war, wollte der Herzog die Stadt vom Grund aus verheeren, und der Erde gleich machen; allein einige von seinen Vertrauten hielten ihn ab; er faßte also den Entschluß auszurucken. Er wandte sich gerade nach Landshut. Auf dem Marsch, den er durch Altorf nach Moßpurg nahm, begegneten ihm sehr viele Beschwerlichkeiten, indem die pfälzischen Freypartisten viele seiner Soldaten theils gefangen nahmen, theils tödteten. Sobald aber die Pfälzer den Abmarsch der Baiern von Landau vernahmen, kehrten sie zurück, und nahmen mehrmal die Stadt im Besitz. Sie machten daselbst auf die umliegende Gegend öftere Besuche, und droheten besonders dem Georg von Frauenberg und andern von Herzog Alberts Parthey.

§. 51.

Nun gieng der Pfalzgraf Rupert selbst auf den Herzog Albert bey Selbenthal und Altorf los; er hatte 1000 Mann zu Pferd und 2000 zu Fuß bey sich. Die Vorposten kamen zuerst ins Handgemenge, und gaben Feuer auf einander; und so näherten sich die beyderseitigen Truppen. Es entstund ein hitziges Gefecht, bis endlich die Pfälzer weichen mußten. Allein sie ließen diese That nicht lange ungerochen, indem sie gleich darauf alle diejenigen Edelleute, welche dem Herzog Albert beystunden, in ihren Schlössern verfolgten, und nach Kriegs-Manier behandelten. Der Herzog Albert konnte indessen nicht länger mehr aushalten, sondern er versetzte sein Lager nach Moßpurg und Isarek. Damit aber seine Gegner nirgends in der Nähe wider ihn Schutz fänden, so zündete er Altorf und alle vor dem Lager befindlichen Dörfer und Höfe an. Er hatte Mangel an Lebensmitteln, und war also bedacht seine Truppen mit Proviant zu versehen. Zu diesem Ende machte er Ausfälle und plünderte, um seine Soldaten und Pferde zu füttern, weil die Zufuhr, die er von Passau und andern Orten her erhalten hatte, nicht hinreichend war. Der Pfalzgraf hatte nebenher die Proviantirung sehr erschweret, und fast überall den Vorsprung behauptet; ja er wollte sogar den Herzog nicht länger mehr in dieser Lage ruhig lassen, und wählte daher die besten Soldaten aus seiner Cavallerie, und stellte sich gerade vor das Lager des Herzogs hin, um ihn gleichsam zum Treffen herauszufodern. Allein da er das Lager nicht angreifen konnte, und Albert nicht herausgieng; so mußte er mehrmal unverrichteter Sachen nach Landshut sich zurückbegeben.

§. 52.

Der Kaiser, der die Einnahme der Stadt Landshut noch nicht vergessen konnte, wollte nun endlich selbst sein Glück dagegen versuchen. Er
rückte im Monat Julius vor die Stadt, und fieng an mit groben Geschütz
zu feuern; dem aber der Pfalzgraf mit gleichem Feuer antwortete, so, daß
dem Kaiser schon in den ersten Tagen der Muth vergieng, die Stadt zu
erobern. Zwischen beeden Theilen kam es ausser der Stadt einigemal zum
Handgemenge, wobey die Pfälzer den kürzern zogen, und in die Stadt zurückkehrten. Der Pfalzgraf schrieb diesen mißlichen Vorgang der Unvorsichtigkeit des Generals Wisbeck zu, auf welchen er deswegen seine Ungnade warf, ihm das Oberkommando nahm und selbiges dem General von
Rosenberg übertrug.

Der Herzog Albert begriff wohl, daß der Kaiser Landshut nicht bändigen würde; er schrieb ihm also, daß er näher in Baiern vorrücken, und
anderswo seine Kriegs-Operationen vornehmen sollte, worauf der Kaiser
wieder hin gieng, wie er her gekommen war.

§. 53.

Amberg, die Hauptstadt in der obern Pfalz war in der nämlichen Zeit
den Kriegsgefahren ebenfalls stark ausgesetzt. Ihre eigenen Nachbaren, die
Bürger von Sulzbach fielen aus, und wollten den Ambergern ihre beträchtlichen Vieh-Heerden wegnehmen. Der Hirt, den die Sulzbacher fortjagten,
brachte den Lärm in die Stadt, worauf die Amberger mit 200 Mann zu
Pferd nacheilten, das Vieh wieder eroberten, und 30 Mann niedermachten.
Der Pfalzgraf Rupert sah selbst mit Begierde auf Amberg hin, und wollte
es unter seine Bothmäßigkeit bringen; aber er konnte seinen Plan nicht eher
ausführen, als bis er vom Rhein herauf kam, wo er mit 600 Mann zu Fuß,
und 400 zu Pferd vor der Stadt sich sehen ließ, und sohin die Stadt zur
Uebergabe aufforderte. Sie nahm wenig Anstand sich zu ergeben, und den
Pfalzgraf einzunehmen, der alle Inwohner auf der Stelle verpflichtete, und
seinen Marsch nach Neuburg vorm Wald fortsetzte. So wenig diese Stadt
gesonnen war, sich zu widersetzen; so geneigt schwuren die Bürger den Pfalzgrafen die Treue.

§. 54.

Hingegen rückte der Kaiser gegen Friedberg an. Diese Stadt ist von
dem

dem Herzog Ludovicus Severus wider die Augspurger, welche öfters Baiern mit Feuer und Schwerd belästigten, erbauet und mit guten Festungswerken versehen worden. Sie war also dem Kaiser um so wichtiger, damit er für seine Truppen einen sichern Aufenthaltsort in Baiern erlangen möchte. Die Pfälzer hatten diese Stadt zuvor erobert, den Bartholomäus Umgelter, Pfleger daselbst gefangen genommen, und ihn den ganzen Krieg hindurch in der Gefangenschaft behalten. Wohingegen die Marschalle von Oberndorf den Pfälzer Magnus Jezer mit 6 Soldaten ebenfalls gefangen nahmen, und selben auch bis zum Ende des Krieges nicht entließen.

Als der Herzog Wolfgang, der das Kommando führte, der Stadt sich näherte, übergab sie der Kommandant Georg von Gumpenberg. Der Kaiser behielt sie, so lange der Krieg dauerte.

§. 55.

Der Kaiser wechselte indessen bald mit seinen Feindseligkeiten gegen das Baierland, bald mit seinen Bedrückungen gegen die Pfalzgräflichgesinnten ab. Es waren bereits der leibliche Vater, die Unterthanen und Diener, die Offiziere und Soldaten, die Alliirten und Freunde des Pfalzgrafen Rupert mit Reichsachts-Erklärungen belegt, mit Verlust der Ehre, Güter, Wappen, bedrohet, und mit Bedrohungen gleichsam bestürmet worden. Keine Menschenseele durfte mehr für den Pfalzgrafen handeln — reden — ja, wenn man es erfuhr, nicht einmal denken; — und nun fiel es dem Kaiser auch noch ein, den Bischof Philipp zu Freysing, Ruperts Bruder, unter die Hechel zu nehmen. Er wurde rückwärts beschuldigt, daß er für den Pfalzgrafen freundschaftliche Gesinnungen hege, die doch der brüderlichen Verbindung — der natürlichen Stimme der Blutsverwandtschaft — den Ansprüchen seiner Schwägerin, der Pfalzgräfin Elisabeth angemessen gewesen wären. Man suchte demnach allerley Erfindungen herfür, ihn zu kränken, und kränkte, wo man konnte, auch seine Unterthanen, welche angeklagt wurden, daß sie dem Pfalzgrafen mit Lieferungen der Viktualien beystünden. Diese Anklage war schon hinreichend, die Sperre aller Waaren zu verhängen, ohne daß zuvor jemand darüber vernommen worden wäre. Ein Umstand, den ich als das lebhafteste Probstück anmerke, wie sehr der Menschen Haß gespannet worden seye.

§. 56.

Eben so strenge verfuhren auch die Herzoge wider diejenigen Baiern, die nur einen Funken der Neigung für dem Pfalzgrafen blicken ließen. Aus

die-

dieser Ursache verbrannte Hanns Graf von Sonnenberg Mösen, und plünderte Dörfer aus — legte Neumarkt in Baiern ganz in die Asche — zog bey Weng zwischen der Herrschaft Lenberg auf Julbach, welches die Pfälzer zuvor schon weggebrannt hatten, mit dem ganzen Kriegsheere über den Fluß, und übte die nämlichen Feindseligkeiten aus, wie die Vorgänger gethan hatten. Da in Bräunau Halt gemacht wurde, durchsuchten die Baiern alle Häuser, und durchlöcherten sogar die Festungswerke und Wälle, und nahmen neben sehr vielem bürgerlichen Vermögen auch alles von den Klöstern dahin geflüchtete Geld, das auf 10000 fl. sich erstreckte, weg, und vertheilten es unter sich, obschon die Klöster es mit dem Herzog Albert hielten. Die Baiern giengen nun auf den Wald zu, und wollten den Pfälzern die dort eroberten Plätze entreissen. Allein die Pfälzer setzten sich entgegen; es entstund ein Scharmützel. Sigmund Satelborger, ein baierischer Edelmann mußte mit seinem Corps weichen. Der von Walbrun, der das Kommando führte, wurde verwundet und gefangen, und die Pfälzer erhielten das Feld, die Baiern aber mußten mit blutigen Köpfen bis zum Böhmer Wald zurück fliehen.

§. 57.

Die Pfälzer, welche diese für sie glückliche Ereigniß benutzen wollten, fielen Schaarenweis von Landshut aus, und streiften unter Anführung des General von Wisbeck und Magnus von Habsperg bis Pfafenhofen. Sie plünderten und verwüsteten unterwegs alle Oerter. Als sie die Bürger von Pfaffenhofen vor der Stadt sahen, schickten diese die Deputirten an die besagten zwey Kommandanten, und kapitulirten wegen der Uebergabe. Obgleich den Bürgern alle Sicherheit versprochen worden war, so waren doch die Soldaten kaum in der Stadt, so wurde selbe geplündert und abgebrannt, das nahe dabey gelegene Kloster Scheuern gebrandschatzet, und viele Dörfer mit den Flammen verheeret. Dann gieng der Rückmarsch durch die sogenannte Hallertau, allwo die nämlichen Verwüstungen und Plünderungen an allen Orten fortgesetzet, und alle Schritte mit Brand und Gewalt bezeichnet worden sind.

§. 58.

Der Herzog Albert wollte in seinem Lager nicht länger mehr sich halten, sondern zur Belagerung der Stadt Neuburg an der Donau schreiten. Allein es kam wider Vermuthen die Bothschaft, daß die Böhmen das Land des Marggrafen von Anspach erbärmlich verwüsteten. Der Herzog mußte
also

affo aufbrechen, und feine Truppen bis auf 3000 Mann dem befagten Marggrafen überlaffen, um die Böhmen zu vertreiben.   Während dem kamen
200 Mann von des Herzogs Völkern nach Schärdingen; da fie von den
Bürgern Geld verlangten, fo wurden fie nicht eingelaffen.   Sie wollten alfo,
weil von den Feinden überall auf fie Jagd gemacht wurde, in der Eile in
das Kloster Formbach fich begeben; als aber auch von der Stadt und von
Neuhaus auf fie gefeuert wurde, fo zogen fie in das Dorf Sulzbach.   Es
war ihr Zug ganz nach Sitte der Landfchwärmer gestaltet, indem fie beinahe
mehr Lagerdirnen bey fich zum Uebermuth, als streitbare Männer hatten.   Ihr
stärkster Ausfall war auf das weibliche Gefchlecht gerichtet, indem fie diese-
nigen, die fich nicht mit Akkord ergaben, mit Gewalt eroberten.   Diefer Unfug war dem Land noch lästiger, weil es die Menge diefer Schwärmer und
ihrer Gehilfinnen mit Lebensmitteln in die Länge nicht verforgen konnte, und
der Ort Sulzbach allein dazu nicht hinreichend war.   Die Soldaten fchickten alfo nach Schärdingen und bathen um Geld, das fie vormals hatten erzwingen
wollen.   Die Bürger nahmen fie endlich ein, als aber vor ihnen weder
Habfchaften, noch die Ehre des fchönen Gefchlechtes ficher waren; fo wurden die Bürger aufgebracht, daß fie alle Soldaten zur Stadt hinaus
fchoben, nnd nach Braunau fchickten.

§. 59.

Indeffen waren einige Böhmen im Anzug, um mit dem Pfalzgrafen fich
zu vereinigen.   Der Kommandant von Straubing erhielt nicht fobald die
Nachricht davon, als er fchon mit einigen Reitern denfelben entgegen gieng,
und nachdem er die Bauern aufgeboten und zu fich gezogen hatte, fie zer-
streute, und in die Flucht jagte.   Es blieben gegen 50 Böhmen auf dem
Platz, und einige wurden gefangen.

§. 60.

Der Kaifer machte feine Eroberungen im obern Theil des Baierlandes.
Da der Herzog Albert zu den Conföderirten nach Schwäbifchwerd, oder
Donauwerd fich verfügte, begab fich der Kaifer zum Bifchof Friedrich zu
Augspurg, einem Grafen aus dem Haus Zöllern, nach Dillingen, und fah den
Kriegsoperationen feiner Soldaten von ferne zu.   Die Armee rückte alfo ge-
gen Höchstett, und als der Kommandant Kafpar Schrink, ein baierifcher
Edelmann die Stadt übergab; fo marfchirte fie nach Lauingen.   Diefe Stadt
weigerte fich anfänglich, die Kaiferlichen einzulaffen, und verlangte drey Wochen Bedenkzeit — als aber diefer Termin abgefchlagen wurde, fo fühlte
die

die Stadt, daß sie mit den Feinden sich nicht messen durfte, und da zudem auch der Pfleger Wendelin von Haunburg sich nicht wehren wollte, so willigte sie also in die Uebergabe. Der Kaiser wollte nun schon vor dem Ausgang des Krieges seine Kosten nicht unbelohnt dahin gehen lassen. Das Interesse, das größte Triebrad seiner in dieser ganzen Erbschaftssache unternommenen Handlungen trachtete hier zuerst auf Entschädigung. Dahero nahm er in diesem Augenblick den Getreidkasten zu Lauingen für sich, und benuzte selben bis zu Ende des Krieges.

Der Kommandant der Stadt Werdingen, Georg von Rechberg, mußte sich ebenfalls unter die Uebermacht des Kaisers schmiegen.

Der Graf Philipp von Kirchberg übergab Weissenhorn.

Balbern und Stauf unterwarfen sich auch.

Der Georg Reindel raumte ihm Cronsperg, und der Leonhart Rorbach tratt Wolnzach ab.

Der Johann von Stadian schickte sich auf gleiche Weise an, Gundelfingen, und der Wilhelm Wolwart die Stadt Haibau dem Kaiser zu überliefern, und Oeßkofen tratt zu dem Herzog über, welcher Ort im ganzen Krieg unbesezt blieb.

Christoph von Laymingen hielt zwar lange aus, und wollte Rotenberg nicht übergeben; da er aber keinen Suffkurs erhielt, und sich zur Vertheidigung zu schwach fand, so kapitulirte er endlich, und übergab das Schloß.

Der Pfleger zu Monheim Gruggenhofer folgte dem nämlichen Beispiel.

Da der Herzog Albert von diesem Zuwachs hörte, eilte er zum Kaiser, den er zu Inkosen antraf, weil er nach Aichach ziehen, und diese Stadt einnehmen wollte, die in den Händen des Pfalzgrafen Rupert war. Die Stadt wollte sich zur Uebergabe nicht verstehen, bis der Kaiser die Kanonen aufpflanzen, und den Anfang zur Belagerung machen ließ. Rudolph Haslanger, ein baierischer Ritter war allda Pfleger, zugleich aber dem Herzog Albert sehr ergeben. Dieser führte das Wort, und beredete die Bürger, daß sie dem Kaiser den freyen Einzug gestatteten. Hierauf nahm dieser das Schloß Kirchberg durch Peter von Wilhelmsdorf weg. Der Herzog von Wirtentenberg wollte dieses Schloß für seine Kosten fodern, allein der Kaiser, der nicht minder begierig auf das Schloß Kirchberg war, behielt es für sich, und ließ nicht zu, daß es dem Herzog Albert huldigte, oder ihm die Erträgniße einlieferte.

§. 61.

§. 61.

Während dem, daß auf einer Seite viele Plätze an den Herzog Albert fielen, wurden auf der andern Seite viele dem Pfalzgrafen Rupert zu Theil. Es erhielt nämlich in diesem Zeitraum der Herzog Albert von der Stadt Schwandorf auf dem Nordgau die unangenehme Nachricht, daß die Amberger und die Böhmen vereinigt ausgefallen, Schwandorf geplündert, und abgebrannt hätten, und daß sie noch mehr Muthwillen ausüben würden, wenn nicht schleunige Hilfe folgte. Allein der Herzog war zu weit entfernt, und selbst mit andern dringenden Angelegenheiten zu sehr beschäftigt, als daß er so geschwind sich herausziehen, und der Stadt Schwandorf zu Hilfe eilen konnte.

Hierauf traf Schmidmüllen das nehmliche Schicksal wie Schwandorf. Die Böhmen überschwemmten die ganze dortige Gegend, und ihre Habsucht verschlang überall, wo sie hinkamen, nicht nur die Lebensmittel, sondern das Habe der Städte, Marktflecken und Dörfer. Etliche hundert Mann Böhmen trennten sich von dem Hauptkorps um der Hauptstadt Neuburg an der Donau zu helfen, die damals ganz von Feinden umgeben war. Sie schlugen sich überall glücklich durch, und kamen bereits bis zu der Vorstadt, wo sie von dem Andreas von Sonnenberg angegriffen, und so übel hergenommen worden sind, daß gegen 15 umgebracht, und gegen 200 gefangen wurden. Dem ohnerachtet spielten die übrigen Böhmen in der obern Pfalz den Meister, eroberten Burglengenfeld, plünderten das Nordgau rein aus, lagerten sich, nachdem sie nach Burglengenfeld eine hinlängliche Besatzung geleget hatten, vor der Stadt Sulzbach, und belagerten sie mit allem Nachdruck — fanden aber einen solchen Widerstand, daß sie wieder wegziehen mußten. So lange die Belagerung dauerte, war weit und breit in dieser Gegend nichts sicher, indem die Feinde nicht nur alle Bedürfniße zu ihrem Unterhalt wegnahmen, sondern auch mit vieler Beute beladen, davon zogen, und überall in die Dörfer Feuer warfen.

§. 62.

Der Kaiser, welcher mit all seinen Allirten und mit seiner eigenen Armee den einzigen Pfalzgrafen Rupert nicht überwältigen konnte, weil die Pfälzer auf den Fuß nachfolgten, und alles abgenommene wiederum eroberten, oder anderswo noch mehr gewannen, ward darüber so sehr entrüstet, daß er dem Herzog Albert fast alles erfolgte Unglück zur Last legte, weil dieser in der ganzen Zeit keine einzige wichtige Expedition als bey Landau un-

H

ternommen hätte. Der Herzog entschuldigte sich zwar, und beschönigte seine Verzögerung oder Unthätigkeit mit der nothwendigen Schonung des ohnedem äußerst beklemmten Baierlandes — im Grunde aber getraute er sich nicht mit dem Pfalzgrafen auf offnem Felde sich zu messen, und versteckte deswegen sich entweder hinter das Lager und die Schanzen, oder schlug einen andern Weg ein, damit er vom Pfalzgrafen nicht gefunden werden könnte, er selbst aber ihn auch nicht antreffen könnte. Endlich faßten der Kaiser und der Herzog den Entschluß, alle gemeinsame Kräfte zu sammeln, und Ruperts Macht auf einmal zu vernichten. Der Kaiser ließ demnach den Kaspar Winzerer mit aller Mannschaft, die dieser zusammen bringen konnte, von seinen Ländern nach Baiern einbrechen. Winzerers erster Eintritt wurde mit Greuelthaten bezeichnet, denn es war ihm nicht genug, daß er als ein indiskreter und grausamer Mann verschrieen wurde; er zeigte auch noch überdas und besonders bey seiner Handlung zu Burghausen, daß er mehr einem Räuber als Soldaten glich, indem er alle Bauern, die bey Burghausen herum waren, ausplünderte, alles Vieh davon trieb, und alles Vermögen raubte. Er war mehr beschäftiget, waffenlose Bauern zu unterdrücken, als den Feind zu verfolgen; und da er mit seinem Corps alle gemachte Beute nicht hinlänglich decken konnte; so schickte er das meiste nach Braunau, und ließ Vieh und Fahrnisse wie auf einem Markt verkaufen. Das arme Landvolk flohe nun Haufenweise in die Stadt Burghausen, und stellte dem dortigen Kommandanten die traurigen Umstände und Bedrückungen vor, welche sie von diesem Winzerer erdulden mußten. Der Kommandant von Erbarmung durchdrungen, schickte sogleich eine hinlängliche Mannschaft aus, welche den Feinden bey Braunau 50 Ochsen abjagte, und selbe nach Burghausen zurück lieferte — den Winzerer aber stets verfolgte, die Feinde aus dem Markt Mauerkirchen vertrieb, das dem von Tannenberg gehörige Schloß Wasen zur Uebergabe auffoderte, und mit Akkord einnahm. Hierauf begab die besagte Mannschaft, nachdem sie die ganze Landschaft von Winzerers Abentheuern gereiniget hatte, nach Burghausen sich wiederum zurück.

§. 63.

Ich habe bereits oben gesagt, daß das Bauernvolk, nachdem es zu Ustendorf und Pischelsdorf von dem Grafen von Helfenstein zerstreuet worden, zu Friedburg sich gesammelt habe, da Helfenstein selbst zum zweytenmale nicht mehr angreifen wollte. Es hatte sich dieses Volk auf die Beine gesetzt, und war durch keinen Anfall mehr dahin zu bewegen, den Reisaus zu nehmen. Man wollte nun den Angrif dem Winzerer vorbehalten, auf den man das größte Zutrauen hatte. Die Bauern wurden eben dadurch, weil
ihnen

ihnen der lezte Streich gelungen hatte, noch kühner gemacht, und wollten Urtendorf und Pischelsdorf mehrmal in Besitz nehmen. Allein Winzerer, der mit Kanonen und Gewehren versehen war, vereinigte sich mit Christoph Umgelter, fiel das unbewafnete Bauernvolk an, schlug es in die Flucht, ließ denen, die gefangen wurden, die Köpfe abschlagen, und nahm auf solche Weise denenjenigen auch noch das Leben, denen er schon die Güter geraubt hatte.

§. 64.

So wie der Kaiser immer mehr Soldaten für seine Armee anzuwerben trachtete; so waren hingegen die Pfälzer beflissen, sich in den eroberten Plätzen zu verschanzen, und von selben Ausfälle zu machen, wodurch sie Geld und Lebensmittel erwarben. Sie drangen auch vor das Schloß St. Martin, und da sie Widerstand fanden, plünderten sie die dazu gehörigen Dörfer, und steckten selbe in den Brand. Das Kloster St. Salvator wurde besetzt und gebrandschazt; Hohenzell, Zell im Riedau, und Birnbach wurden geplündert und abgebrannt, und Ortenburg angegriffen. Die darinn befindliche Gräfinn und mehrere von Adel geriethen dadurch in die größte Bestürzung. Sobald sie die Ankunft der Pfälzer vernahmen, wollten sie nach Vohburg fliehen; unter Wegs aber speiseten sie in dem Markte Gelsenheim zu Mittag. Die Pfälzer, davon unterrichtet, umzingelten den Markt, daß keine Seele heraus konnte, und dadurch bekamen sie die ganze Reise-Gesellschaft gefangen. Der übrige Theil der pfälzischen Truppen quartirte sich in den Markt Ortenburg ein. Sie bedienten sich einer Kriegslist um den Pfleger, Pegner mit Namen, zu täuschen, indem sie wie des Herzog Alberts Soldaten sich kleideten, und auf den Röcken die rothen Kreuze aufhefteten, welche sonst die Baiern zu tragen pflegten. Der ganze Markt hielt sie also für Freunde. Zu dem Pegner selbst begab sich ein Officier, und rufte ihn an, er solle das Schloß öffnen, indem der Herr gleich nachfolgen würde. Pegner glaubte nichts anders, als daß der Graf von Ortenburg, welcher nach Vilshofen auf das Plündern ausgegangen war, zurück käme. Er öffnete also die Thore: Torer und Wills traten zuerst ein, und ihnen folgte der übrige Schwarm. Torer band den Pegner in die Fessel, schlug ihn tüchtig herum, und warf ihn auf einen Wagen um ihn in Sicherheit zu bringen. Sodann wurden alle, die im Schloß und in dem Markt waren, in Pflicht genommen. Der Ruf, daß Ortenburg eingenommen worden, breitete sich gar bald aus, und der Graf Wolfgang erhielt davon Nachricht. Er hatte 200 Soldaten bey sich, die er zur Plünderung des Markts Pfarrkirchen gesammelt hatte. Indessen durchsuchten die Pfälzer alle Winkel, und rafften alles Geld, und die be-

H 2　　　　　　　　　　sten

sten Geräthschaften zusammen, welche in grosser Anzahl da waren, weil alle umliegende Ortschaften ihre Habseligkeiten dahin geflüchtet hatten. Der Graf zog wirklich mit Mannschaft herbey um sein eigenes Schloß zu belagern. Er feuerte heftig in selbes, und die Pfälzer feuerten eben so stark auf den Belagerer; als sie aber die Belagerung auszuhalten nicht im Stande waren, so schlichen sie des Nachts aus dem Schloß, und legten an zehen Orten Feuer an, nachdem sie alle Beute sowohl aus dem Schloß als aus dem Markt davon geführt hatten. Es stieg der Rauch auf, und man konnte das Feuer viele Stunden weit sehen, welches so wüthete, daß das ganze Schloß zernichtet wurde. Am folgenden Tag rückte der Graf Wolfgang in die Ruinen ein. Er traf nichts als Zerstöhrung an. Was nicht geplündert war, lag unter der Asche. Ein Rest der von der Nachbarschaft dahin geflüchteten Sachen war in einem Stadel verborgen, welche Ortenburgs Soldaten wie Feinde ausraubten, und die Sachen unter sich als Beute theilten. Es rührte sie nicht das Elend der Unglücklichen, sondern sie sahen sich sobald sie Ruhe hatten, nach dem Keller um, und tranken sich so voll, daß fast alle von Sinnen wurden, und beynahe einen grössern Unfug als selbst die Feinde trieben, indem sie die noch übrigen Geräthschaften zusammenschlugen, Oefen und Thüren einrißen, sogar Feuer in den Markt warfen und ihn an zwey Oertern anzündeten. Der Graf musste also zu seiner eignen Rettung diejenigen, so er zu seinem Schutz gegen andere gebrauchen wollte, und zum Unglück andrer gebraucht hatte, entlassen, und dem Herzog Albert sogleich zurück schicken. Auf solche Art wurde dem Grafen von Ortenburg mit dem nämlichen Maaß gemessen, mit welchem er andern Unschuldigen kurz zuvor ausgemessen hatte. Zu Landau hat er mehr wider die Bauern als die Feinde Krieg geführt, und mit Plündern sich bereichert; bey Vilshofen aber übte er solche Grausamkeiten aus, die nur der ärgste Feind zu begehen fähig ist. Die Plünderungen allein sättigten sein hartes Herz nicht; es mussten auch allezeit die Flammen nachfolgen, und Märkte, Dörfer und sogar Kirchen verheeret werden. Dem Bauersmann war er sehr abgeneigt, vorzüglich hart bezeigte er sich gegen einen Bauer von Fürstenzell, dem er das Vieh, das dieser von den Pfälzern wieder zurückgelöset hatte, im Ruckweg abnahm, das noch übrige Geld und die Geräthschaften raubte, und den armen Mann in Fessel warf. Er gebrauchte den kahlen Vorwand: der Bauer habe mit dem Lösegeld den Pfälzern Hülfe leisten wollen. Den Pfälzern aber konnte man die Rache, welche sie an ihm genommen hatten, um so weniger verargen, weil er überall einer der ersten Gegner des Pfalzgrafen Rupert war, sich als einen abgesagten Feind des ganzen Pfalzgräflichen Hauses erklärte, und unter denjenigen begriffen war, welche zuerst wider den Pfalzgrafen die Fehden

den stifteten. Sein zusammgerafftes Kriegs-Volk war ein Raubgesinde, das Freunde wie Feinde gleich mißhandelte.

§. 65.

Obschon durch die beständigen Scharmützel und Belagerungen die pfälzischen Truppen geschwächet wurden, so fanden sie doch hie und da auch in den Zeiten der Verfolgung einen Zuwachs, indem sie sowohl von dem Kurfürsten Philipp mit einer ansehnlichen Reiterey verstärket, als von dem Baierlande selbst mit Rekruten vermehret worden sind. Der Pfalzgraf nahm auch immer mehr Böhmen in seinen Sold; und da die böhmischen Edelleute ungeheure Summen Geldes erwarben; so bothen sie ihre äußersten Kräften auf, und erschöpften beynahe ihre eigenen Herrschaften an Mannschaft, während dem sie ihre Kassen mit einer solchen Menge pfälzischer Münzen anfüllten, als sie zuvor gemäß ihrem eigenen Geständniß nicht gesehen hatten. Der Graf von Colobrat, der damals in Böhmen supremus Epistolarum Magister war, ließ sich durch den Schimmer des Geldes ebenfalls blenden, indem er den Pfalzgrafen, welcher ihn mit 10000 fl. subarrhirte, eine beträchtliche Anzahl Böhmen zu liefern versprach. Da der Kaiser es erfuhr, beredete er den Herzog Albert vor Ankunft der Böhmen Neuburg an der Donau zu belagern, den Böhmen den Paß abzuschneiden, und sie zum Rückmarsch zu zwingen. Der Herzog begab sich sogleich nach Neuburg, schlug dort das Lager auf, und fieng die Belagerung an. Allein es fiel ein solches Regenwetter ein, daß die ganze Gegend und das Lager unter Wasser gesetzt, und der Herzog genöthigt wurde die Belagerung aufzuheben, und seine Truppen nach Ingolstadt zu führen.

Die in München befindlichen Statthalter und Räthe schrieben zugleich den Ingolstädtern, daß sie die Böhmen, welche mit grosser Rüstung zum Pfalzgrafen eilten, zerstreuen sollten.

§. 66.

Da dieses vorgieng, entstund in München selbst unter den Soldaten ein Aufruhr: Es war nämlich ein Corps bestimmt, unter Anführung des Jakob Schall und Markus Bader eine Expedition nach Erdingen vorzunehmen; die Soldaten weigerten sich auszuziehen, und erregten auf dem Markt eine solche Unordnung, daß der Graf Andreas von Sonnenberg die Cavallerie auf sie einhauen, und sie so mit Gewalt in Ordnung bringen ließ. Sonnenberg war hierauf entschlossen, die Rädelsführer nach der Strenge der Kriegs-Rechte zu bestrafen; da aber der von Schrenk für sie bath, und auch Pardon erhielt, so war die Ruhe wieder hergestellt. Es ruckten 28 Cavalleristen und 400 Infanteristen unter dem Kommando des Grafen Johann von Sonnenberg nach Erdingen; der Andreas von Sonnenberg aber marschirte mit 500 Mann zu Pferd und 1000 zu Fuß, dann mit der erforderlichen Artillerie in der Nacht nach Dachau, und nahm es in Besitz.

§. 67.

Es war auf Herzog Alberts Seite ein gewisser Löffelholz, welcher die Pflege Abensperg antrat, nachdem der Graf Georg von Helfenstein nach Ingolstadt berufen worden war. Dieser Löffelholz war sehr bemittelt, und weil er dem Herzog sehr ergeben war, so bestritt er alle Aufgaben, die er zur Rettung der Stadt Abensperg nothwendig hatte. Er hatte eine beträchtliche Garnison bey sich, machte öftere Ausfälle, und fügte den Pfälzern großen Schaden zu. Er bemächtigte sich sogar einiger Ortschaften, und brachte das Schloß Wildenberg mit List unter sich. Er lockte nämlich den Eigenthümer desselben, Ulrich Ebran Herrn zu Wildenberg und Schernerk, der damals Domherr zu Freysing war, nachher aber diese Präbende aufgab, und die Katharina Sayerinn von Epfendorf heurathete, zu sich heraus, und versprach ihm freyen Abzug, warf ihn aber, sobald Ebran vor dem Schloß war, die Fessel an, nahm Besitz von dem Schloß und allen Erträgnissen, vertheidigte es, so lange der Krieg dauerte, auf eigne Kosten, und überließ es erst nachhin gegen Ersatz seiner Ausgaben dem besagten Ebram. Es hat eben der Löffelholz ein andersmal die Bauern zu Aiglspach zusammen gerufen, und den Kaspar von Waldenfels, der den Pfälzern beystund, angegriffen und 18 Mann und 9 Wägen weggenommen. Waldenfels mußte sein Heil in der Flucht suchen, wo er sich dann nach Neuburg an der Donau mit seiner übrigen Mannschaft rettete. Löffelholz war allen, die für den Pfalzgrafen dachten, abgeneigt.

Nach Einnahme der Stadt Landshut schenkte der Pfalzgraf dem Wilhelm Grafen von Helfenstein wegen der bewiesenen Tapferkeit das Haus des Peter Baumgartner, eines bekannten Anhängers des Herzogs Albert. Das Haus fiel bald darauf zusammen, und der Graf von Helfenstein wollte also den beträchtlichen Hausrath mit sich wegführen; Löffelholz aber bekam davon Nachricht, schlich sich von Abensperg fort, und machte den ganzen Hausrath zur Beute. Er war also im Grunde ein wahrer Schnapphahn. — Es kamen einst die Böhmen von Landshut nach Sibenburg um zu plündern; er gab sogleich dem Zenger, Pfleger zu Neustadt davon Nachricht mit
dem

dem Auftrag, daß dieſer die Nachbarſchaft aufrufen, und ſich mit ihm ver⸗
einigen ſollte.   Beyde trafen an dem beſtimmten Ort zur bedungenen Zeit
mit ihrem zuſammengerafftem Volke ein, fielen die Böhmen unvermuthet
an, erſtachen 10 auf dem Platz, nahmen 4 gefangen, zerſtreuten die übri⸗
gen, und nahmen ihnen die Beute — aber mit einer ſo geſezten Kriegs⸗
Manier ab, daß ſie das fremde Gut, das Gut ihrer Freunde ſelbſt behiel⸗
ten, und zum Lohn ihres Raubes unter ſich theilten.   Löſelholz gieng einſt
nach Kirchberg auf die Werbung aus; die Pflegerinn war eben in dem Bad,
und mit ihr die ganze Dienerſchaft vom Schloß abweſend.   Eine Bad⸗
Dirne, die den Löſelholz mit den Seinen daher ſchleichen ſah, ſchrie ihn
an, und machte Lärm, worauf die Pflegerinn mit ihren Bedienten in das
Schloß eilte, die Ankunft des Feindes entdeckte, und ihn abtrieb.   Er ſtreifte
bis nach Landshut; und wie ihm nichts zu groß und nichts zu gering war,
ſo fiel er unter Wegs einen Jäger, der einen Hirſchen gefangen hatte, und
die 4 dabey befindlichen Perſonen an, und lieferte alle ſamt dem Hirſchen und
Jagdzeug nach Abensperg. — Eines Tags lauerte er auf den Wolfgang
von Zedwitz und ſeine Soldaten; aber dieſer, welcher ſich darauf vorgeſe⸗
hen hatte, wehrte ſich ſo tapfer, daß er von Löſelholz's Geſellen einen todt
ſchlug, einen ſchwer verwundete und die übrigen in die Flucht jagte, und
hätte der Löſelholz ſich nicht auf die Füſſe und aus dem Staub gemacht;
ſo würde er ebenfalls hier ſein greuelvolles Leben geendet haben.

§. 68.

Der Herzog Albert ſchlug ſein Lager bey Ampfingen auf, und griff
einige Oerter, welche der Pfalzgraf unter ſich gebracht hatte, mit aller Macht
an; er nahm Zengenberg weg, brannte die Stadt Neumarkt in Baiern ab,
eroberte Eggenfelden, Pfarrkirchen, Reichenberg und das ganze Rotthal,
und gewann auf ſolche Art einen zahlreichen Adel zu ſeinem Anhang.   Er
bekam im Monat Julius den Markt Reichenhall, welchen ihm der Pfleger
Peter Fröſchl in die Hand ſpielte; und behielt ſelben ſo lange, als der
Pfalzgraf Rupert lebte.

§. 69.

Die Pfälzer machten zwar auch ihre Bewegungen auf Auerburg und
Ratenberg, und belagerten beyde Märkte und Schlöſſer; allein der Pfle⸗
ger zu Auerburg, Parcifal Urfarrer, und der Pfleger zu Ratenberg, Jo⸗
hann Caſpar von Laubenberg vertheidigten ſich ſo tapfer, daß jene endlich
abziehen muſten.

§. 70.

§. 70.

Nun schienen die Alliirten des Kaisers und des Herzog Alberts schon fast ermüdet zu seyn. Die Bischöffe zu Trier, Salzburg, Würzburg, und andere Fürsten riethen dem Kaiser auch zum Frieden. Es wurde ihm der Vorschlag gemacht, daß er, um den Frieden sicherer zu erlangen, Rain und Neuburg erobern, und den Ulrich von Westerstetten mit dem Kriegs-Heere an beede Oerter abschicken möchte. Allein da in diesen Zeitumständen keine Friedens-Bedingnisse annehmlich waren, und man auch kein Mittel hatte, die besagten Städte zu gewinnen; so blieb der Vorschlag ohne Wirkung. Die Feindseligkeiten wurden also wieder fortgesetzt, und die Münchner fielen aus, und nahmen Rosenheim weg, nachdem der Georg von Schenk Pfleger zu Ried mit 200 Reitern sich mit ihnen vereiniget hatte. Es kamen noch viele Soldaten dazu, welche von dem Corps des General Wißbeck entflohen waren, und Handgeld nahmen. Da man aber ihrer Treue wegen nicht versichert war, so wurden die meisten entlassen, die sich dann zu dem besagten Wisbeck wiederum begeben haben.

Auch Graisbach wurde von dem Johann von Hopping dem Herzog Albert, welcher 2000 Mann zur Belagerung dahin schickte, abgetreten; und Schrobenhausen ergab sich ebenfalls. Kühbüchel aber gieng an den Pfalzgrafen über. Der Pfalzgraf wollte Kufstein mit vollem Ernst belagern; weil es aber von Herzog Georgs Antheil war, und Pinzenauer der Kommandant in dessen Diensten stund; so öffnete er dem Pfalzgraf nach einigem Widerstand die Thore, und blieb wie zuvor Kommandant der Festung, die er sodann in noch bessern Stand herstellte, als sie schon war. Dieser Umstand gab Gelegenheit, daß der Kaiser den Pinzenauer als einen Verräther beschuldigte, obschon man nichts anders von ihm wuste, als daß er nach einigem Widerstand sich ergeben habe, welches andere mit andern Plätzen ebenfalls thaten, ohne daß man ihnen einen so harten Vorwurf gemacht hätte.

§. 71.

Nun schien es beynahe, daß die Baiern, und selbst des Herzog Alberts Anhänger und einige Landstände endlich ganz unzufrieden würden, indem das Land von des Herzogs Soldaten, obschon sie Freunde waren, so viele Drangsale erlitten hatte, als es kaum von den Pfälzern, den Feinden erdulten muste. An allen Orten, wo die Baiern ihr Lager errichtet hatten, hörte man die lautesten — mit wahrer Wehmuth angefüllten Klagen. Fürsten-feld-

feld, Bruck, Inchofen, Werde, das ganze Sechfeld, Aichach, Altorf bey Landshut, Pfater, Sießbach, Wegmünchen, deſſen Eigenthümer Ulrich Koaler ſogar in des Herzog Alberts Dienſten war, Mosburg, Reichartshofen, Pfafenhofen, Wiß, Malching, Peyerbach, Allerspach, Püring, Köllnbach, Hermanns-
dorf, und noch mehrere Ortſchaften, allwo die baieriſchen Truppen in dieſer
Zeit nach und nach ſich aufhielten, ja ſogar diejenigen Plätze, wo Garniſo-
nen waren, oder die ſich ſelbſt ergeben hatten, brachen in bittern Jammer
aus, und ſchrieen über Bedrückungen. Unter andern konnte Wangenbach
ein Zeugniß von dem Druck der eigenen Freunde geben, indem dort die
Soldaten von Ingolſtadt aus purem Muthwillen eingefallen ſind, und
den Ort geplündert und ganz weggebrannt haben. Das nemliche begegnete
mehrern Marktflecken und Dörfern, und zwar meiſtens deswegen, damit die
Pfälzer ſich nicht an ſolchen Orten aufhalten, oder Lebensmittel bekommen
möchten.

Den erſten Grund dieſer Ausſchweifungen legten die kaiſerlichen Alliirten
und die vom ſchwäbiſchen Bund, welche bey des Herzogs Armee öfters ſich
befanden. Eben dieſes Unheil hinderte den Herzog Albert, daß er im Lande
keinen ſolchen Schwung erhalten konnte, daß er den Pfalzgrafen Rupert
gänzlich hätte verdrängen können — und dieſer bekam deswegen immer neue
Freunde und Anhänger, daß alſo die Theile gegen einander noch mehr er-
hitzet wurden. Dabei verheerte jeder das Land, das doch jeder einſt für ſich
haben wollte, vom Grund aus, nur damit ſelbes ein anderer nicht bekommen ſollte.

§. 72.

Der Kurfürſt Philipp von der Pfalz empfand mit wahrer Herzensbe-
klemmung ſowohl die Verheerungen ſeiner Staaten, als auch des ganzen
Baierlandes. Er wollte gerne alle Mittel anwenden, ſelben vorzubeugen.
Er ſchrieb öfters an den Kaiſer ſelbſt mit ſo dringenden Vorſtellungen, daß
er gewiß glaubte, einmal Gehör zu finden. Da er auf mehrere Briefe keine Antwort erhielt, wagte er es am Peter und Paultag noch einmal ihm zu
ſchreiben, und ihn um Gerechtigkeit anzuſtehen. Er führte an, daß er rückwärts
angeklaget worden, als hätte er ſeinen Sohn Pfalzgrafen Rupert aufgehe-
tzet, er ſey in dieſem Fall unſchuldig; der Kaiſer möchte ihn vor einem Für-
ſtenrath anhören, er wäre bereit, in allen Stücken dem Kaiſer ſich zu fügen.
Obſchon er keines Verbrechens ſchuldig ſeye, habe man ihm doch Länder,
verheeret und weggenommen, man habe ihn niemals zur Verhör gelaſſen.
Der Kaiſer, der auf die vorigen Briefe nicht geantwortet, möchte ſich alſo
dermal geneigt erzeigen, und auf ſeine Bitte herabſehen, er wolle ſich jeder-

J

zeit

zeit gehorsam erzeigen, und auch seine Söhne, die noch jung seyen, zu gleichem Gehorsam für die kaiserliche Majestät anweisen, und so weiters. — Die in dem Ton der Ehrfurcht und Gerechtigkeit gefaßte Vorstellung könnte das unfühlbare Herz des Kaisers nicht erweichen, ja er gab einem der ersten Fürsten des Reichs auch diesesmal keine Antwort. Sein Interesse und seine Rache bekamen vielmehr neue Nahrung, sobald er sah, daß der Kurfürst in der Demuth sprach. Gerechtigkeitspflege war die Scheidewand seines unbegränzten Erwerbungsplanes, der bey weitem noch nicht auf dem vorgesteckten Punkt stund. Er munterte dahero den Herzog Albert noch mehr zu den Feindseligkeiten auf, und was dieser allein zu verderben nicht im Stande war, mußten die Alirten vollenden.

§. 73.

Der Marggraf Friederich von Anspach war einer, der zum ersten aufbrach. Da die Bayreuthischen Unterthanen die feindlichen Handlungen ihres Marggrafen vor Augen hatten, so glaubten sie ebenfalls berechtigt zu seyn, das Land des Kurfürsten Philipp zu verwüsten, sie erlaubten sich demnach alles, was ihnen der Muthwillen einflößte. Vorzüglich belästigten sie das Stift Waldsassen, wozu folgende Scheinursache sie anfeuerte. Das Stift Waldsassen hatte bey Gelegenheit der Durchmärsche, welche die Böhmen öfters zu der Armee des Pfalzgrafen machten, manche Drangsale auszustehen, und es war selbem kein Mittel übrig, dagegen sich zu schützen. Damit also sowohl die Exkursionen der Böhmen als die daraus entstehenden Ausschweifungen eingestellet werden möchten; so äußerte das Stift das Verlangen, daß ein hinlängliches Kommando dahin verleget werden möchte. Dieser Umstand war die Quelle ihres Unglücks; denn es wurde dem Stift eine beträchtliche Mannschaft, jedoch mit dem Zusatz geschicket, daß es vereinigt mit den Stiftischen Unterthanen die Unterhaltungskosten tragen müßte. Anstatt daß das Kommando Hilfe und Schutz leistete, begieng es selbst Ausschweifungen, und preßte die Leute solchergestalt, daß endlich das Stift gezwungen ward, selbem den Sold und die Unterhaltung zu verweigern, und es nach Hause zu schicken. Hieraus entstund der Verdacht, als wäre das ganze Stift mit dem Pfalzgrafen insgeheim verstanden. Auf diesen Verdacht folgte sogleich Verfolgung und Feindseligkeit. Es fehlte wenig, daß man nicht alle Innwohner des Stifts als Anhänger des Pfalzgrafen in die Reichsacht erklärt, und mit Kirchen-Interdikten gezüchtiget hätte. Die Marggräflichen Soldaten stunden also auf, sobald sie Nachricht von dem Abmarsch des besagten Kommando erhielten. Sie fielen um Pfingsten schaarenweis ein, plünderten den Getreidkasten zu Voggenfeld, und trieben alles

Vieh

Vieh fort. Den Bauern, welche aus Eger, wohin sie Holz geführet hatten, zurück kamen, wurden alle Pferde mit Gewalt abgenommen. Es entstund hierüber Bestürzung, die umliegenden Dörfer eilten den Bauern zu Hilfe — es kam zu Gewaltthätigkeiten, wobey das unbewafnete Bauernvolk den kürzern zog — einige Bauern wurden ermordet, sehr viele gefangen, und in die Bayreuthische Stadt Wonsiedel geführt, im Kerker hart gepeiniget, und um ihr Vermögen gebracht. Bald darauf wurden die Dörfer Oberteich, Mitterteich, und zwey Höfe zu Stenz geplündert und abgebrannt. Das Dorf Mündenreit, welches sich nicht ergeben wollte, gieng bis auf drey Häuser im Rauch auf, nachdem es ganz ausgeraubt worden war. Endlich tratt auch der Alexander von Lucchau, der marggräflicher Kapitän in Wonsiedel war, mit einem Corps gleich bösgesinnter marggräflicher Edelleute, und mit brandenburgischen Soldaten auf, fiel in der Nacht in das stiftische Gebiet, und sogleich in das Kloster ein, da alle Mönche und Hausbediente im tiefsten Schlaf versenkt waren. Lucchau ließ auf das Kloster mit Kanonen feuern. Als die Bewohner desselben aufwachten, war allgemeiner Schrecken und Verzweißung; einige sprangen über die Mauern und in die nahen Dörfer um Hilfe zu suchen, andere wollten zu dem Abt sich begeben, und mit ihm über gemeinsame Rettungsmittel Rath halten, und wiederum andere zur Gegenwehre sich gefaßt machen, welche aber von dem eindringenden Feind überrumpelt, die Flucht ergriffen; mithin verfehlte jeder das Mittel, womit er sich retten wollte. Die Feinde besetzten sogleich das Kloster und alle Zugänge, durchsuchten alle Zimmer, Küchen, Keller, Getreidkästen, raften alles Geld, alle Hauseinrichtungen, alles Getreide und Viktualien zusammen, und führten alles auf mehr als hundert Wägen nach Wonsiedel. Sogar der Kirche und der Heiligthümer wurde nicht geschont, sondern es wurden alle Ornaten, der kostbare Kirchenschatz, alle Meß- und Chorbücher, und die Reliquien der Heiligen geraubt. Die Schwärmer wollten in die Abtey ebenfalls eindringen, allein sie war so besetzt, daß daraus eine Gegenwehre geschehen konnte. Die Feinde wollten sie mit Schrecken bezwingen, indem sie einen blutarmen Menschen, den sie in der Kirche antrafen, vor dem Altar tödeten, und an einem Strick zum Fenster hinaus hiengen, um Furcht zu erwecken, und die Abtey zur Uebergabe zu vermögen. Da sie aber sahen, daß dem ohnerachtet der Widerstand groß war; so dachten sie auf den Abmarsch, legten aber zuvor neben der Abtey Holz und Stroh aufeinander, und zündeten es an, das Feuer machte die gewünschte Wirkung nicht, indem es bey Zeiten gelöscht wurde, und die Besatzung in der Abtey wehrte sich so tapfer, daß viele von den Feinden auf den Tod verwundet, von den Belagerten aber kein einziger beschädigt wurde. Während dieser Attaque sah man das Kloster brennen, indem die Feinde auf dem Kirchthurm Feuer angeleget hatten. Das

J 2   Bley-

Bley, mit welchem der Thurm gedeckt war, floß schon wie Wasser herab, und die schönen Glocken zerschmolzen. Einen armen Mann hiengen die Mörder an das Glockenseil, an dem er starb, und unter der Asche vergraben wurde. Ein Mönch, der sich lange verborgen hielt, aber endlich dem Feuer weichen mußte, wurde von einem Bösewicht ergriffen, und ihm ein Arm abgeschlagen. Es liefen die Leute von Eger und andern Oertern, allwo sowohl das Feuer gesehen, als das Krachen der Gewehre gehört wurde, herbey, konnten aber, da sie ohne Waffen waren, den Belagerten nicht beystehen. Das Feuer griff also um sich, daß alle Gebäude bis auf ein Haus und die Beckenstatt, dann die Kapelle des heiligen Johannes in Asche verwandelt wurden. Die Feinde waren nun auf die Flucht bedacht, weil sie besorgten, daß der Zulauf der Menschen die Gefahr für sie größer machen dürfte. Sie pakten also ihren Raub und alle Güter, so die umliegenden Dörfer zur Sicherheit dahin geflüchtet hatten, zusammen, und machten sich aus dem Staub. Damit sie aber ihre bösen Handlungen mit noch ärgern Schandthaten krönten, so zerstörten sie im Heimzug alle Oerter, wohin sie kamen. Die Dörfer Kontrau, Neudorf, Hofreich, Pleissen, Puchlberg, Rozenpichl, Steinmüll, Boggenfeld, Volkfümel, Lottermüll, Neystahl und Mittenhof mit den angefüllten Heustädeln wurden geplündert und abgebrannt. Am vierten Tag nach dieser grausamen Handlung griffen sie auch ein festes Haus Ebinhöd an, und wollen es in Besitz nehmen, es versammelte sich aber das Volk, das Kloster schickte ihre Hausbediente dazu, und dieser zwar an der Zahl geringe, aber aus Verzweiflung tapfere Haufen griff die ungleich mehrern Feinde an, schlug viele todt, und würde wohl alle, wenn man den Flüchtigen nur nachgesetzt hätte, aufgerieben haben. Ein gewisser marggräflicher Offizier, Balthasar Bibrisch mit Namen, welcher der Urheber der größten Bubenstücke und des Brandes war, wurde ebenfalls umgebracht. Nach diesem ließen die Feinde noch nicht nach, theils mit Bedrohungen, und theils mit wirklichen Einfällen und Plünderungen das Stift zu belästigen, bis endlich das Kloster auf die Gedanken gerieth, einen Ausschuß aus ihren Hausbedienten und Unterthanen zu wählen, welche mit bewafneter Hand das ganze Stift schützen mußten. Im Kloster war also wahres Elend, niemand konnte es bewohnen, und zur Unterhaltung der Mönche waren keine Lebensmittel mehr vorhanden. Die Mönche begaben sich anfänglich nach Eger, und wohnten bey gutherzigen Personen, nachher aber verfügten sie sich theils nach Tirschenreith, und theils in andere Klöster, bis der Klosterbau angefangen, und die Wohnung hergestellet werden konnte. Als diese Greuelthat vollendet war, folgte die Reue; denn da der Marggraf Friedrich von Brandenburg von der ganzen Sache benachrichtigt wurde, zeigte er sein Mißvergnügen, und betheuerte, daß es ohne seinem Wissen und Willen geschehen

sey.

sey. Ja, er war so wider den Kapitän Lucchau aufgebracht, daß er ihm den Kopf wollte abschlagen lassen. Als aber jemand für ihn um Gnade bat, so verbannte ihn der Marggraf blos aus Wonsidel. Lucchau wurde bald darauf von einem, mit dem er Händel bekommen hatte, erstochen. Die Wonsidler selbst, welche Lucchaus Gefährden waren, fühlten hierauf in sich den Schmerz der Reue, und stellten den Beschädigten hie und da etwas zurück, welches aber sehr gering und unbedeutend war, weil sie es nur einzeln auf den Händen brachten, da sie doch zuvor beladene Wägen davon geführet hatten, von dem Schaden nichts zu melden, den sie durch Feuer und Mord gestiftet haben, und der für immer unersetzt geblieben ist.

§. 74.

Der Kaiser merkte wohl, daß er in die Länge auf seine Alliirten keine sichere Rechnung machen dörfe; daher faßte er mit dem Herzog Albert den Schluß auf mehreren Seiten anzugreifen, und nicht nur den Pfalzgrafen Rupert in Baiern, sondern auch dessen Vater den Kurfürst Philipp in der Rhein-Pfalz, und diesen um so mehr anzugreifen, weil er die Armee mit seinem Sohne getheilt, und sich dadurch sehr geschwächt hätte. Der Kaiser theilte also ebenfalls seine Armee, und ließ einen Theil dem Herzog Albert und dem Marggraf Friedrich in Baiern zurück, mit der andern Hälfte aber zog er nach Elsaß wider den Churfürst Philipp.

§. 75.

Der Kurfürst war nun auf allen Seiten mit Feinden umrungen. Jedem konnte er nicht widerstehen, weil jeder mit aller Macht anrückte. Er stund mit seiner Haupt-Armee bey Heidelberg und schickte nur nach den Umständen einige Corps dahin, wo eben wiederum ein neuer Feind einbrach. Einigen aber konnte er gar nicht widerstehen, sondern muste sie in seinem Lande frey handeln lassen. Er hatte seine besten Plätze und Festungen auf das treflichste hergerichtet. Heidelberg, Alzey, Germersheim waren mit allen Kriegs-Bedürfnissen versehen, und damit auch seine Unterthanen nicht alles verlöhren, so gab er ihnen den Auftrag, daß sie ihre besten Habschaften in die festen Oerter hinterlegen und die Stroh-Dächer von den Häusern abtragen sollten, um Feuersgefahren zu vermeiden. Was das Aergste war; so hatte der Kurfürst unter seinen Nachbarn keinen einzigen vertrauten Freund, weil der Kaiser alle in seinen Bund verwickelt hatte. In einigen glimmte die Rache wegen den Kriegsthaten des Kurfürst Friedrich des siegreichen, welcher fast alle Nachbarn zu Paaren getrieben,

J 3   ben,

ben, und ihnen die besten Länder abgenommen hatte. Da also der Kaiser mit seinen Truppen im Elsaß ankam, gesellten sich sogleich die Straßburger zu ihm. Er foderte noch überdas im Elsaß, Sundgau, Breisgau, im Hartwald und in Burgund alle Unterthanen zum Beystand auf; mithin konnte er ohne einen einzigen Schwerd-Streich mit seiner grossen Macht die ganze Pfalz überschwemmen, und unter seine Botmäßigkeit bringen.

Er nahm das Schloß Geroldeck, die Grafschaft Ofenburg, die Mortenau-Ortenberg, Gengenbach, Zell, und alles was dazu gehörte, und dem Kurfürst eigenthümlich war, weg. Er setzte nachher über den Rhein, und unterwarf sich Hagenau, Lützelstein, Weissenburg und die sogenannte Land-Vogtei, welche zehen Städte und sechzig Dörfer hatte, ohne daß er einigen Widerstand gefunden, oder nur einen Mann verlohren hätte. Da es ihm Ein leichtes war alles zu bändigen; so würde er seine Eroberungen noch mehr erweitert haben, wenn ihn nicht der eigne Alliirte der Marggraf Christoph zu Baaden zurückgehalten, und zum Rückzug bewogen hätte, welches dem Kaiser um so unerwarteter war, weil er glaubte, daß eben dieser Marggraf den Zeit-Punkt benutzen, und sich für seine ihm von dem besagten Friedrich dem siegreichen abgenommenen Länder entschädigen würde. Allein der Marggraf vergaß das Vergangene, und ließ als ein biederer Menschenfreund mehr das Mitleid gegen die Drangsale des Kurfürsten Philipp als sein eigenes Interesse walten, indem er bedachte, daß der Kaiser zur Unterdrückung eines der ersten Kurfürsten im deutschen Reich seine Macht zum Nachtheil andrer Reichs-Stände zu sehr ausdehnen, und den schon ziemlich herangewachsenen Despotismus zur vollkommenen Reife bringen könnte. Er machte also die dringendste Vorstellung, die auch so gute Wirkung hatte, daß der Kaiser, der dem Marggraf nichts abschlagen wollte, oder vielleicht gar dessen Trennung befürchtete, nachgab, und die Eroberungen einstellte. Hingegen ließ der Kaiser anstatt seiner, einen andern Alliirten, nämlich den Herzog Ulrich von Würtemberg auftreten. Dieser war des Herzog Alberts Busenfreund. Er heurathete sogar nachhin dessen Tochter die Herzoginn Sabina — jene unglückliche Prinzeßinn, die ihre Lebenstage unter dem harten Joch ihres rauhen Gemahls in einer gränzenlosen Reihe von Drangsalen zubringen muste. Zudem war der besagte Herzog Ulrich lange auf das Kurhaus Pfalz eifersüchtig, und konnte ebenfalls dasjenige nicht vergessen, was der obenbemeldte Kurfürst Friedrich von seinem Lande getrennt hatte. Er schickte demnach schon im Monat May die schriftliche Kriegsankündigung nach Heidelberg, beorderte bald darauf den Dietrich von Blumeneck und den Friedrich Cähler mit 20000 Mann zu Fuß, und 8000 zu Pferd in die Pfalz, und schlug zuerst das Lager

bey

bey dem Cistercienser Kloster Maulbrun auf. Er richtete alle umher liegenden Dörfer des Kurfürst Philipps, und auch das zum Kloster gehörige Dorf Unersen und andere Besizungen mit Feuer und Schwerd zu Grunde, trieb alles Vieh davon, und plünderte an allen Orten. Sodann belagerte er das Schloß selbst; der Abt floh mit seinen Mönchen nach Speyer, und ließ nur die ältesten, welchen die Reise zu beschwerlich war, in dem Kloster. Selbiges hatte ein festes Zitadell auf einem Berg, welches der Kurfürst Philipp wider den schwäbischen Bund errichtet, und Trutzbund genennet hatte. In diesem lagen 200 Mann zur Besatzung. Nun fieng die Belagerung an: der Herzog beschoß das Schloß so heftig, daß die Mauern einfielen; eben so verfuhr er mit dem Kloster, schoß alle Mauern, Thürme und Häuser zusammen. Die Besatzung konnte sich nicht mehr halten, besonders da der verlangte Sukkurs nicht erfolgte. Sie kapitulirte, räumte dem Herzog das Schloß und Kloster ein, und zog ab. Hierauf ließ der Herzog den Abt mit seinen Mönchen zurückrufen, übernahm die Advokatie über das Kloster, und auch die Erträgnisse des Landes. Nachhin bezwang er die ganze Gegend von Keitlingen, und belagerte die Stadt Bretheim. Es wurde der Stadt mit größter Wuth zugesezt, und eine solche Menge Bomben in selbe geschleudert, daß die Thürme und Festungs-Werke grossen Schaden litten. Die Besatzung war indessen nicht feig, sie wehrte sich mit Helden-Muth, richtete die Kanonen auf die Gezelte des Herzogs, und entschlossen, sich bis auf den lezten Mann zu wehren, machte sie einen Ausfall in das feindliche Lager. Die Würtembergischen Artilleristen lagen betrunken in tiefem Schlaf. Die Pfälzer fielen über sie her, schlugen sie todt, und eroberten einige Kanonen. Endlich wurde der Lärm so groß, daß die Würtemberger zur Gegenwehr sich stellten, und die Pfälzer auf der Retirade verfolgten. Einige drangen auch mit diesen wirklich in die Stadt; wurden aber, als die Pfälzer die Thore verriegelten, theils umgebracht, theils gefangen. In diesem Scharmützel sind über 200 meistens Würtemberger auf dem Schlachtfeld geblieben. Da die Belagerung ganze 21 Tage gedauert hatte, kam der Pfalzgraf Ludwig, der erstgebohrne Prinz des Kurfürst Philipps in das Gezelte des Herzogs, der jenen mit Freuden aufnahm, und nach einer geheimen Unterredung mit vieler Zärtlichkeit entließ, sodann aber die Belagerung aufhob, und mit seiner Armee vor das Schloß Besigkheim zog, welches er mit dem Kanonenfeuer sehr ängstigte. Die Besatzung hielt zwar eine Zeitlang aus, und wartete auf Sukkurs, da aber keiner eintraf, so kapitulirte sie, und gieng von dannen. Der Herzog nahm das Schloß im Besiz, und sezte seinen Marsch in die Herrschaft des Grafen Ludwig von Löwenstein fort. Dieser war des Kurfürsten Alliirter, und mit diesem als ein Abstämmling Friedrich des siegreichen verwandt. Im Löwensteinschen

schen richtete der Herzog alles erdenkliche Unheil mit Feuer und Plünderungen an. Er eroberte auch das Lager des Grafen in 4 Tagen, während daß der Graf bey seinem Vetter dem Pfalzgrafen Rupert in Baiern war, und auf solche Weise wurde der Herzog Meister vom ganzen Lande, welches er auch von selbiger Zeit an benutzte, und erst nach vier Jahren mit Ausnahm eines Dorfes, welches dem Grafen sich nicht mehr unterwerfen wollte, zurückstellte. Die Grafschaft Winsperg muste sobann der Gegenstand der Eroberung werden. Nachdem der Herzog in der ganzen Grafschaft alles unter und über sich gekehrt hatte, belagerte er das Schloß selbst, welches sich nach wenigen Tagen unterwarf; worauf er die Stadt Neustadt am Kocher angriff, und ebenfalls, wie bald darauf auch die Stadt Merkmüll in kurzer Zeit zur Uebergabe zwang. Der Herzog würde sowohl bey Lebzeiten des Pfalzgrafen Rupert, als nach dessen Tode seine Schritte immer mehr und bis zum völligen Umsturz des Kurfürsten Philipp verdoppelt haben, wenn nicht bald nach dem Tode des besagten Pfalzgrafen ein Waffen-Stillstand beschlossen worden wäre. Er muste also bis zum Ausgang der Sache innehalten. Indessen wollte der Herzog schon damals den Preis für seine Mühe, und den Ersatz für seine Kosten fodern, und dafür Kirchberg behalten. Allein der Kaiser war nicht minder für sein Interesse bedacht, nahm also Kirchberg für sich, und bewilligte dem Herzog das Schloß Hegestein und die Stadt Heidenheim.

§. 76.

Ich habe gemeldet, daß der Marggraf Friedrich von Brandenburg ebenfalls vom Kaiser aufgefodert worden sey. Er gieng geraden Wegs von seinen Ländern nach Freystadt in die obere Pfalz, nahm diese Stadt ein, und zog vor die nur ein paar Stunden davon entlegene Stadt Hipoltstein, die ihm der Wilhelm von Wolffstein übergab. Haideck wollte er nun auch einnehmen, da aber Hildebrand von Ludwach die Thore verschloß, und sich zur Vertheidigung richtete, so gab er sich keine weitere Mühe, sondern verfügte sich zum Herzog Albert nach Ingolstadt, und vereinigte mit ihm seine Truppen, wie ich oben gemeldet habe.

§. 77.

Der Kaiser war mit diesen Eroberungen und den damit verbundenen Verwüstungen noch nicht ersättiget. Da er zugleich die Mittel in Händen hatte, noch mehrere Plane wider den Churfürsten Philipp anzulegen und auszuführen, so zog er alle Register, und ließ auch den Landgrafen Philipp von Hessen

sen ausdrücken. Der Landgraf hatte eine zahlreiche Armee, welche noch mehr durch andere Fürsten und Grafen verstärkt war, die entweder in Hessischem Sold stunden, oder sich selbst auf Hoffnung pfälzischer Erwerbungen unterhielten. Es befanden sich nämlich unter der Armee des Herzog Heinrichs von Braunschweig, der Herzog Heinrich von Mecklenburg, der Graf Emicho von Leiningen, der Graf von der Lippe, der Graf von Königstein, und noch mehrere Grafen, die sich wider den Kurfürsten verschworen hatten, und von der Habsucht begeistert waren. Der Landgraf zog zuerst mit seinem Heere nach Frankfurt, und setze über den Mayn, indem die Frankfurter keine Hindernisse machten, nachdem sie der Kaiser schon vorläufig auf seine Seite gebracht hatte. Der Landgraf ließ also die Stadt Bensheim belagern. Sobald der Churfürst Nachricht erhielt, schickte er von Heidelberg aus einen beträchtlichen Sukkurs, die Besatzung setzte sich zur tapfersten Gegenwehr, und zwang die Hessische Armee zur Aufhebung der Belagerung, welche ihre Schande mit der Verwüstung des Landes rächen wollte, und alle umliegende Dörfer bis zu dem Kloster Lorse in die Asche legte, nachdem selbe vorher ganz ausgeplündert waren. Ja, in dem Kloster wurden die nämlichen Unthaten fortgesetzt, und aller Wein samt dem Getreid, und allem was man fortbringen konnte, nach Gerau geliefert. Es wurde das Schloß, welches Friedrich der Siegreiche erbauet, und Friedrichsburg genannt hatte, verbrannt, — Lampertheim und alle Dörfer ausgeplündert und in die Asche gelegt, die Unterthanen aber gefangen genommen, und davon geführt. Das Schloß Stein bey Worms wurde nachher von dem Landgrafen besetzet, weil der Kommandant selbes frey übergeben hatte. Nun wollte der Landgraf bey Worms seine Armee über den Rhein führen; allein die Stadt, welche Feindseligkeiten von Seiten des Kurfürsten besorgte, wiedersetzte sich, und versetzte den Landgrafen in die Nothwendigkeit, daß er nach Mainz hinabziehen, und dort sein Kriegsheer über den Fluß führen mußte. Die Mainzer Klerisey hatte nun die angenehme Gelegenheit an dem Churfürsten sich zu rächen, denn sie konnte das nicht vergessen, was ihr der Churfürst Friedrich der Siegreiche abgenommen, und dadurch ihre Einkünfte geschmälert hatte. Es kränkte sie das Betragen der pfalzgräflichen Beamten zu Alzei und Kreuznach, welche noch immer durch Ansprüche und Eingriffe das Einkommen der Domherren schmelzen wollten, und wirklich an Zehenten, Zinsen, und andern Stiftungs-Einkünften Abbruch machten. Es nahm also die Klerisey keinen Anstand, alle Mittel dem Landgrafen darzubieten, um den Churfürsten zu ängstigen. Sie ließ demnach die erforderlichen Schiffe herbeischaffen, auf welchen der Landgraf zu Weissenau den Rhein passirte, bey Schornsheim das Lager aufschlug, und das ganze Land bis nach Oppenheim mit Feuer und Plünderungen verödete, so, daß kein einziges Haus mehr übrig war.

K　　　　　　　　　　　So-

Sodann durchstreifte der Landgraf die Pfalz bis nach Alzey, allwo er mehrmal sich lagerte. Seine erste Arbeit bestund darinn, daß er das Getreid auf den Feldern abschneiden, den Pferden vorwerfen, und auffressen, und was diese nicht verzehren konnten, von selben zertreten ließ. Es wurden alle Ortschaften, und sogar die Kirchen ausgeplündert, wo die ganze Gegend ihre Gelder und Geräthschaften verborgen hatte. Das eigene und das hinterlegte Vermögen wurde geraubet, und sodann alles in Asche verwandelt. Die Stadt Gau-Odernheim, welche zwischen Alzey und Kreuznach liegt, wollte er ebenfalls angreifen, die Bürger, die entweder allzufurchtsam oder treulos waren, eilten dem Landgrafen, sobald sie dessen Ankunft vernommen, mit den Thorschlüsseln entgegen, und übergaben die Stadt. Er sah diese Handlung, weil die Bürger in einem wohl befestigten Ort die Uebergabe ohne Noth selbst befördert hatten, mit einem solchen Unwillen an, daß er die Stadt plündern, und die Bürger gefangen fortführen ließ, Er selbst aber gleich darauf auszog, und im Durchmarsch alle Dörfer seinen Soldaten zum plündern und verbrennen Preis gab. Es wurde im ganzen Alzeyer und Nahagauer-Bezirk eine unglaubig große Beute an Getreid, Wein, und andern Habschaften zusammengebracht, und von dem Landgrafen fortgeschleppet. In den zwey Dörfern Saulheim und Westhofen allein wurden mehr als tausend Fuder vom besten Wein erbeutet. Dem Churfürsten Philipp, der lange mit Wehmuth das harte Schicksal seiner Unterthanen ansehen mußte, brach endlich die Geduld, er rufte also seine an mehreren Orten zertheilte Truppen zusammen, und schickte sie unter dem Kommando des Johannes Landschad wider den Landgrafen nach Alzey, welcher aber ihre Ankunft nicht abwartete, sondern drey Meilen zwischen Bleinich und Gänzingen zurückwich, und bey dem Fluß Naha, nicht weit von Nahagau und Kreuznach fünf Tage lang im Lager blieb, allwo er mit dem Herzog Alexander von Zweybrücken, der mit tausend zweyhundert Mann zu ihm kam, sich in geheim unterredete, um die wider den Churfürsten Philipp entworfenen Plane auszuführen. So furchtsam die Hessen bey der Ankunft ihrer Gegner waren, so herzhaft zeigten sie sich, da sie aus den Augen derselben sich befanden, indem sie in ihrer Flucht gegen das hilf- und wehrlose Bauernvolk alle Ausschweifungen begiengen, das Plündern und Brennen fortsezten, und sogar die Kirchen nicht schonten, ja sogar um alles methodisch zu verwüsten, eigene Brandmeister anstellten, welche die Grundsätze der Zerstöhrung in der Ausübung leiten, und hiedurch den Untergang des Landes vollenden mußten. Nach diesen kannibalischen Grundsätzen wurde Armesheim samt der prächtigen Kirche Wenheim, Hasenheim, und die Kirche Lamsheim mit der Kirche Hedesheim, Laubersheim, Budesheim, samt noch vielen Kirchen und Dörfern geplündert und abgebrannt, Blinzenheim aber, Genzingen, Bleinich, Winzenheim, und noch
etliche

etliche Dörfer gebrandschätzet, und nebenbey auch geplündert. Das Dorf Sprenglingen bat den Churfürsten Philipp um Pulver und Gewehre, und war entschlossen sich gegen die Hessen zu vertheidigen, allein bey Ankunft derselben stoben die Innwohner aus Furcht in die Stadt Alzey, und verließen all ihr Vermögen, welches die Hessen wegnahmen, und noch überdas eine Brandschatzung auflegten. Das Kloster der Chorherren zu Windesheim mußte ebenfalls, so unvermögend es war, zweyhundert Gulden Brandschatzung erlegen. Die Hessen kamen bey ihrem Herumschwärmen sogar bis in die Grafschaft Sponheim, plünderten und sengten das ganze Land aus, und verirrten sich bis in die entferntesten Ortschaften. Die Pfälzer lauerten auf selbe, schlugen viele todt, und führten nicht wenige nach Kreuznach. Endlich rückte auch der pfälzische Heerführer Johannes Landschad gegen den Landgrafen, welcher auf die Nachricht sein Lager anzündete, und in aller frühe sich nach Bingen zog. Er zeichnete seinen Marsch mit den einmal angenommenen Grausamkeiten aus, und verbrannte unterwegs Münster samt der schönen Kirche, er selbst aber ritt davon, und sah von ferne die Feuersbrunst wie ein Lustfeuerwerk mit kaltem Blut an. Die Stadt Bingen nahm hierauf den Landgrafen mit wahrer Herzensfreude auf. Er blieb daselbst einen Tag lang und ließ seinen Soldaten Zeit, die Beute zu theilen und zu verkaufen. Bey all diesen dem Rheinland zugestoßenen und die Menschheit empörenden Grausamkeiten und Drangsalen konnten die Unmenschen, besonders die Innwohner zu Bingen, die Klerisey zu Mainz, und die Ringauer ihr Vergnügen nicht bergen. Sie erhoben den Landgrafen als den Bezwinger des allgemeinen Feindes, und überhäuften seine Grausamkeiten mit Lobsprüchen, die eine menschenfreundliche Seele nicht denken, minder aussprechen sollte, zu einer Zeit, da der Mitmensch unter dem Druck des Elendes schmachten mußte. Der Landgraf begab sich am folgenden Tag von Bingen nach Ingelheim, allwo die Chorherrn des Augustiner-Ordens ihr Kloster hatten. Der Ort war ziemlich befestigt, und mit Mauern, Thürmen und Gräben umgeben, das Volk in der Gegend trug die besten Habschaften dahin, um sie zu sichern, und war entschlossen, sich zu wehren. Die Bauern stunden auf den Mauern und Thürmen, sahen den Feind vorrücken, ließen die Thore offen, und stellten sich so, daß man sie nicht sehen konnte. Die Hessen, welche nichts besorgten, tratten ein, als sie aber dem zweyten Thor sich naheten, feuerten die Bauern gegen selbe, schlugen sie vor die Thore hinaus, schossen sodann von den Mauern und Thürmen herab, und richteten unter den Hessen ein großes Blutbad an. Der Landgraf wollte diese kühne That der Bauern mit einer starken Belagerung vergelten, und fieng selbe von der Mittagseite zu belagern an. Sobald aber das die Besatzung merkte, schoß sie so unaufhörlich hinaus, daß die Hessen sich weder verschanzen noch zur Belagerung anschi-

cken

cken konnten. Indessen schlichen die Weiber in die leeren Häuser, und legten Feuer an, wovon man vermuthete, daß es der Feind selbst gethan habe. Sobald der Rauch aufstieg, eilten die Hessen dahin, welche glaubten, daß die Ihrigen angezündet hätten, und wollten plündern. Da sie in den Häusern nichts fanden, durchsuchten sie alle Keller und Winkel, wodurch es geschah, daß viele durch den Umsturz der Gebäude unter dem Schutt vergraben wurden. Der Landgraf verlor auf diese Weise sehr viele Soldaten, und sahe wohl, daß sein Anschlag vereitelt worden. Er verließ demnach den Ort, und führte seine Truppen nach Mainz, und, nachdem er daselbst etliche Tage ausgeruhet hatte, sodann über den Rhein gegen das Schloß Hohenburg, welches dem Grafen von Hanau, einem guten Freund des Kurfürsten Philipp gehörig war. Dieser letztere Umstand war für den Landgrafen schon hinreichend, Feindseligkeiten auszuüben. Er belagerte das Schloß, und zwang es zur Uebergabe. Sein Schluß war nun gefaßt, auch die festen Plätze, nachdem er die Dörfer und unhaltbaren Orte zerstört hatte, eben so in Schutt und Asche zu verwandeln. Zu diesem Ende ließ er seine schwere Artillerie herbeyführen, um sobald er bey Mainz über den Rhein zurück passirt wäre, den Anfang mit der Belagerung zu machen. Der Graf von Hanau bekam davon Nachricht, er bot noch andere Anhänger des Kurfürsten auf, und wollte bey Mainz dem Landgrafen den Paß abschneiden. Es stießen bey Wissenau und dem Sanct Viktorsberg die Allirten zusammen. Die Mainzer äußerten zwar darüber ihr Mißfallen — könnten aber sonst nichts dagegen einwenden. Indessen kam auch der Landgraf an. Es schwebte ihm die Gefahr vor den Augen, mit der ganzen Armee den Rhein zu passiren, deswegen ließ er durch einige Soldaten den Versuch anstellen, ob sie auf kleinen Schiffen anlanden könnten. Sobald sie sich am Gestade sehen ließen, wurden sie von den obigen Allirten zurückgetrieben. Der Landgraf zog sich also zurück, und gab für dermalen seinen Anschlag auf. Bald darauf wallten die Pfälzer Schaarenweis auf den besagten Sanct Viktorsberg, und blieben sechs Tage auf Kosten der Mönche, welche nach Mainz flohen, und nicht mehr nach Hause kehren wollten, bis die Mainzer Domherren und die Bürger, samt dem Erzbischof die schriftliche Versicherung ausstellten, daß sie dem Landgrafen den Durchzug nicht mehr gestatten würden, worauf die Mönche in das Kloster zurückgekommen, die Pfälzer aber auseinander gegangen sind. Da der Landgraf also seinen Kriegsplan ändern mußte, so schlug er einen andern ein, der den Pfälzerland eben so schädlich war. Bey den Städtlein Caub, nicht weit von Bacherach, machte er gleich dazu den Anfang. Er nahm zwar eine vortheilhafte Stellung, aber da seine Soldaten den Belagerten nicht aus dem Schuß waren, so giengen viele Hessen zu Grunde. Es dauerte die Belagerung bereits neun und dreißig

Tage

Tage, und ein Theil eines Thurms war zwar eingeschossen, aber das feste Schloß machte den Sturm unmöglich, besonders weil die Besatzung aus fünfzehnhundert Mann bestund, die wie Löwen stritten. Mittlerweile kam der öfters besagte Johannes Landschad, der mit seinen Truppen noch eine Menge Landvolk vereiniget hatte. Er schlug sein Lager gerad dem Heßischen gegen über auf, so daß der Rhein zwischen den beeden Lagern war. Dem ohngeachtet feuerten beede Armeen mit Kanonen gegen einander. Landschad schickte zu Nachts Sukkurs nach Caub. Der Landgraf, der alle seine Kräfte auf Caub konzentrirte, dachte allerlei Sachen aus, um das Schloß zu beschädigen. Er füllte sogar Fäßer mit Pech, Schwefel und andern brennbaren Materien an, und wälzte selbe in vollem Feuer den Berg hinab, in der Absicht, Caub zu verbrennen. Aber da alle diese Unternehmungen fruchtlos waren, und sogar seine meisten und beßten Kanonen zersprangen, so geriethen die Artilleristen auf einen andern Einfall. Es war ihnen nicht möglich, die Bomben in das Schloß, noch weniger in das unter dem Schloß gelegene Städtlein von dem Berg aus zu bringen; die meisten fielen ohne Wirkung in den Rhein; sie ließen also die Kartaunen in der Nacht an Ketten den Berg hinab, und wollten selbe näher bey dem Schloß aufpflanzen. Die nächtliche Arbeit hatte zwar geglückt, als es aber die Besatzung zu Caub beym Anbruch des Tages sah, schoß sie ohne Unterlaß hinaus, und tödete alle, die nicht entlauffen waren. Die Heßen konnten weder die Kartaunen zurück noch die Pfälzer nach Caub bringen, weil Beide ihr Augenmerk darauf richteten, und einer dem andern, sobald er sich hinbegeben hätte, todtgeschossen hätte. Sogar zu Nachts war die Besatzung zu Caub auf guter Hut, und richtete die Gewehre auf diesen Platz, damit bei der mindesten Bewegung selbe gelöset werden könnten. Endlich wagten es einige von Caub in einer Nacht die Kartaunen herabzuwälzen, und in das Schloß zu ziehen, und während dem traf die Cauber ein solches Unglück, das ihnen beinahe den letzten Stoß versetzt hätte. Es kam nämlich in der Nacht durch Unvorsichtigkeit eines beym Pulvermagazin angestellten Mannes Feuer aus, wodurch eilf Personen um das Leben gekommen, und zwanzig Häuser verbrannt worden sind. Die Furcht vergrößerte das Unglück, weil die Inwohner besorgten, der Feind möchte Gelegenheit bekommen, diese Brunst zu benutzen, und einen Sturm zu wagen. Allein weil vieles Landvolk zur Hilfe herbeylief, so getrauete sich der Landgraf nicht, den Sturm zu unternehmen. Endlich schickte der Kurfürst Philipp seinen ältesten Prinzen den Pfalzgraf Ludwig mit funfzig Mann zu Pferd, und sechshundert zu Fuß von Heidelberg ab, um den Caubern Hilfe zu leisten. Zur nämlichen Zeit trafen auch der Herzog Heinrich von Braunschweig und der Graf von der Lippe mit zweitausend Mann und einer beträchtlichen Artillerie im Lager des Landgrafen ein, welche der Belagerung einen Vor

K 3   schub

schub geben wollten. Bey alle dem hatte der Landgraf zugleich mehr
Nachtheil und Kosten als die Tauber, und seine Mannschaft hatte ebenfalls
weit mehr gelitten, und würde noch empfindlicher beschädiget worden seyn,
wenn er die Belagerung fortgesezt hätte, ohne daß er je sich mit der Hoffnung schmeicheln durfte, weder mit Gewalt noch durch Akkord Caub zu
erobern.

Er zögerte also nicht mehr, sondern hob die Belagerung des Nachts
auf, und endigte zugleich seine unrühmlichen Kriegs-Operationen wider den
Kurfürst Philipp. Die Thaten des Landgrafen von Hessen waren, wie aus
dieser Erzählung erhellet, so beschaffen, daß er in diesem Kriege nichts weniger als den Namen eines tapfern Soldaten, viel minder eines Helden
verdiente. Was er eroberte, traf unbewafnete — durch Grausamkeit er-
schütterte Bauern ihre Weiber und Kinder. Brand und Raub waren das
Signal seines Feldzuges, welches er sogar an solchen Orten aufstellte, wo
die Uebergabe freywillig geschah. Die Armee wider die er agierte, war von
vielen Feinden umgeben, und muste sich wider jeden also theilen, daß sie
auch gegen jedes mächtige Kriegs-Heer nichts anders als ein geringes Corps
war; und obschon diesem pfälzischen Corps der Landgraf weit überlegen
war, so hatte er doch dreymal, nämlich zu Gensheim — zu Alzei und Genzingen beim ersten Anblick desselben, ja sogar nur beym Ruf der Ankunft
die Flucht genommen, und sich nicht getrauet, auf freyem Feld mit selben
sich zu schlagen. Er hat demnach seinen Namen in dem Rhein-Land nicht anders
als wie Scipio Africanus durch Zerstöhrungen verewiget, und die Welt
wird den späten Nachkömmlingen in den Geschichten noch erzählen, daß er
ein bewaffneter Mordbrenner war, der in den Ländern des Kurfürsten Philipp in etlichen Monaten über dreihundert Dörfer in den Brand gesteckt
hat.

§. 78.

Der Kurfürst Philipp hatte noch einen andern Feind an seinem eignen
Verwandten dem Pfalzgrafen und Herzog in Baiern Alexander, des Herzogs zu Zweybrücken Ludovici Sohn — welcher zuerst um Peter
und Pauli im Jahr 1504 unter Kommando des Heinrichs von Schwarzenburg seine Truppen bey der Grafschaft Spanheim in das Land des
Kurfürsten schickte, beym Eintritt in dem Kloster Marienpforten alles Vieh
und andere Habschaften mit sich in die Stadt Meisenheim führte, von dem
Prior des Klosters zweyhundert Gulden Brandschatzung eintrachte, und
dann auf dem Abmarsch die Dörfer Merxheim, Nußbaum und Sobernheim
ab-

abbrannte, und darnach tiefer in das Land des Kurfürsten eindrang. Es schwärmten die Truppen hie und da im Lande herum, zündeten einige Dörfer an, trieben von Klöstern und Kirchen in Ottenburg — Clingmünster, Füfferstahl — Hartwichshausen — Sanct Lampert und andern in der Gegend Brandschazungen ein, und plünderten auch, wo sie etwas finden konnten. Schwarzenburg belagerte sodann Guleckheim; die Belagerten wehrten sich tapfer, bis der Kurfürst Hülfe schickte, wodurch die Belagerer zu weichen gezwungen wurden, und weit grössern Verlust litten, als der Schaden war, den sie ihren Gegnern zugefügt hatten. Der Herzog Alexander war damals krank, und konnte nicht persönlich bey seinen Truppen seyn, welche diese Gelegenheit brauchten, und unregelmäßig und subordinationswidrig im Lande sich zerstreuten, und mit Plündern und andern Ausschweifungen ihr Daseyn bezeichneten. Am 9ten August des nämlichen Jahres rückten diese Truppen nach Rudesheim, welches bey der Stadt Kreuznach liegt, plünderten es aus, und legten es in die Asche. Die Pfälzer, welche in Kreuznach in Besatzung waren, fielen auf die Feinde gegen das in Feuer gestandene Dorf aus, bey deren Anblick diese in die Flucht sich begaben, und die Bauern von den zwey Dörfern Rudesheim und Huffelsheim samt der Beute mit sich nach Meisenheim fortschleppten. Der General Schwarzenburg ließ nun das Dorf Wimesheim um hundert und zwanzig Gulden brandschatzen, und die Innwohner vom Abbrennen befreyen, weil daselbst der Herzog Patronus der Pfarrkirche war, — und zugleich von dem Dorf Waldenhausen, welches der Familie von Dalberg gehörte, dreyhundert Gulden Brandgelder einfodern. Weil der Herzog die von dem Kurfürsten Friedrich dem Siegreichen ihm abgenommene Plätze nicht verschmerzen konnte, so war er mit diesen Eroberungen noch nicht beruhiget, es muste also sein General auf alle pfälzische Ortschaften, wohin es nur möglich war, ausfallen, welcher in aller Frühe in die Grafschaft Spanheim seine Truppen aussonderte, und bey dem Dorf Gickelheim hundert zwanzig Stück Rindvieh und zweyhundert Schweine wegtreiben ließ. Sie machten zwar auch Anstalten das Dorf selbst anzugreifen, als sie aber merkten, daß die Innwohner Gräben und Schanzen aufgeworfen, und zur Gegenwehr sich bereitet hatten, so blieb der Vorschlag ohne Wirkung, vielmehr sammelten sich die Innwohner selbst, welche ihre Viehheerden nicht zurück lassen wollten, nahmen noch andere Nachbarn von der Stadt Sobernheim zu Hülfe, verbargen sich bey Meisenheim im Walde, eroberten ihr Vieh, das eben auf die Weide getrieben wurde, wieder, und zogen mit selben nach Gickelheim. Die Zweibrücker wollten diesen Schaden auf einer andern Seite gut machen, daher sie mehrmalen auf Sobernheim ausfielen, und alles Vieh nach Meisenheim brachten. Bald darauf richteten sie ihr Augenmerk auf

auf das Schloß Zusch, welches im Wald gelegen war. Sie verborgen sich schon vor Aufgang der Sonne, und warteten, bis der Hirt das Vieh vom Schloß auf die Weide trieb. Sobald nun die Thore zu Zusch geöffnet waren, sprangen sie aus dem Wald hervor, drangen in das Schloß, nahmen es ein, ergriffen den Eigenthümer desselben Johannes von Hohenstein, da er noch im Bette war, führten ihn mit einer grossen Beute nach Meisenheim, und verbrannten das ganze Schloß, obschon der Eigenthümer im ganzen Krieg neutral geblieben war. Es war in der Gegend ein Dorf Merxheim, welches dem Swiger von Sickingen gehörte, der damals unter dem Pfalzgrafen Rupert in Baiern Dienste hatte. Die Zweibrücker nahmen selbiges ein, plünderten und zündeten es an, und behandelten auf die nämliche Art auch das dem besagten von Sickingen gehörige Schloß und Dorf Sien. Der Kurfürst Philipp trachtete nun ebenfalls den Herzog Alexander in dessen Staaten zu beunruhigen, und sich, so viel ihm möglich war zu rächen. Zu dem Ende schickte er den Nikolaus Bruno von Smidperg mit den Truppen von Kreuznach in das Zweibrückische Gebiet aus, welche die zwey Dörfer Ober- und Niedernhausen samt der Kirche plünderten und anzündeten, sohin die Bauern samt allem Vieh davon führten, welche gegen Erlag einer beträchtlichen Summa Geldes endlich wiederum entlassen wurden. Das nämliche Schicksal traf das Dorf Roede und alle jene Ortschaften, durch welche der von Smidperg seinen Marsch nahm. Ueberdas ließ der Kurfürst auch den Johannes Landschad von Steinach mit einer zahlreichen Mannschaft und starken Artillerie nachrücken, und zuerst das Kloster Disibodenberg angreiffen, welches zu keinem Widerstand gefaßt war. Die Pfälzer nahmen von diesem Kloster Besitz, tranken gegen funfzig Fuder Wein aus, verzehrten alle Viktualien, und plünderten alles aus, die Kirchen-Schätze allein ausgenommen, welche der Abt nach Meisenheim geflüchtet hatte. Vorzüglich zeichneten sich die Bauern und andere Frey-Partisten aus, welche sich dazu gesellten, indem sie überall die Urheber des grösten Unfugs waren. — Am folgenden Tag wurde die dabey gelegene Stadt Odernheim selbst belagert, die Besatzung sowohl, welche aus funfzig Mann bestund, als die Bürger mit ihren Weibern und Kindern stellten sich auf die Thürme und Mauern, und vertheidigten sich mit größtem Muth, konnten aber in die Länge nicht ausdauern, sondern mußten die Stadt mit Akkord übergeben. Da die Pfälzer in die Stadt kamen, wurden alle Häuser geplündert. Die Bürger mit ihren Familien flüchteten sich in die Kirche, und trugen auch ihre besten Geräthschaften dahin. Sie fanden wirklich in selber die sicherste Freystatt, indem der General Landschad die Kirchen so in Ehren hielt, daß er alle Plünderung derselben untersagte, und sogar Wache vor selbe stellete. Auf solche Weise haben also die Bürger

sich

sich und einen grossen Theil ihres Vermögens gerettet. Landschad nahm hierauf die Bürger im Namen des Kurfürsten in die Pflicht, riß die Mauern und Thürme — um dem Herzog einen Zufluchtsort zu benehmen, nieder, und zog tiefer ins Zweybrückische. — Unterwegs beschäftigten sich die Pfälzer mit Plündern und Brennen, und endlich vertrieben sie die Zweibrücker von Gicklenheim, wo dieselben eben in der Belagerung begriffen waren. Der von Smidperg, welcher vormals das Zweibrückerland betreten hatte, wagte darauf die zweyte Expedition, plünderte und verbrannte Moscheln samt andern umherliegenden Dörfern, nahm die Bauern gefangen, und trieb alles Vieh in einer solchen Menge nach Kreuznach, daß man es kaum unterbringen konnte. Auf solche Weise haben die nächsten Verwandten auf bloßes Anstiften des nur für sein Privat-Interesse wachenden Kaisers wechselsweise ihre Länder verheeret, sich selbst unendlich geschwächet, und am Ende denjenigen groß gemacht, der bey jeder Gelegenheit der Erbfeind des Pfalzgräflichen Gesammthauses war, und seine Grösse und den Schwung, den er durch selbes fast ganz allein erhalten hatte, mit dem schwarzen Welt-Dank belohnet hat.

§. 79.

Der Graf Emicho von Leiningen stund ebenfalls wider den Kurfürsten Philipp in der Fehde. Er gab sich alle Mühe sowohl in Gesellschaft anderer, und besonders des Landgrafen von Hessen, als mit seiner eigenen Macht den Kurfürsten und sein Land zu kränken. Es war also der Kurfürst gezwungen wider selben sich zu schützen, und in dieser Hinsicht das Kloster Limpurg mit vierhundert Mann zu besetzen. Der Graf von Leiningen hatte nicht weit davon das Schloß Hartenburg. In selbes flüchteten sich die Inwohner von Düreckheim theils aus Furcht wegen den Pfälzern, und theils um das Schloß zu vertheidigen. Die Pfälzer lagen in Limpurg eine geraume Zeit, ohne daß sie etwas anders, als etliche Ausfälle in das feindliche Gebiet unternahmen, das Vieh erbeuteten und nachher gegen Speier zogen. Kaum kam diese Nachricht nach Hartenburg, als der ganze Schwarm in voller Wuth herauseilte, und das Kloster Limpurg, gleichsam als hätte es mit den pfälzischen Truppen gemeinsame und feindliche Anschläge gehegt, plünderte, den ganzen Kirchen-Ornat raubte, und zuletzt das ganze Kloster, und die prächtige Kirche mit Feuer verheerte. Die Feuersbrunst war so ausserordentlich, daß sie zwölf Tage und Nächte fortdauerte, und einen solchen Schaden anrichtete, den man auf viele tausend schätzen konnte. Es hat diese Zerstöhrung im ganzen deutschen Reiche eine allgemeine Sensation erregt, und selbst die stärksten Anhänger des Gra-

L

sen

fen von Leiningen zeigten darüber ihr Misvergnügen. Der Kaiser, der überall die Fackel vorangetragen, und allen denjenigen die dem Kurfürsten Philipp abgeneigt waren, die Fehde-Briefe besiegelt hatte, war wegen Limpurg so erzürnet, daß er den besagten Grafen von Leiningen aus Deutschland verbannte. Die Ursache, warum der Kaiser dieses nach seinen Umständen auffallende Urtheil gefället hatte, war, weil das Kloster vom Kaiser Konrado Salico im Jahr 1023 erbauet worden, und vormals der Wohnsitz der Fränkischen Herzoge gewesen war, indem er selben Dürkheim, Wachenheim, Schiffenstadt, und noch mehrere Oerter geschenkt, und auch der Kurfürst Ludwig von der Pfalz das Kloster Schönfeld mit allen Zugehörungen selben gegeben hatte. — Der Kurfürst Philipp muste also die schwereften Drangsale, sogar von seinem eigenen Vasallen dem Grafen von Leiningen erdulten, und unter dem Druck unzähliger Feinde nach der Zeit und den harten Umständen sich fügen. Es würde bey allem dem doch der Graf von Leiningen seinen Unthaten und Brandschäden kein Ziel gesezt haben, wenn nicht nach dem Todte des Pfalzgrafen Rupert durch Kaiserliche Mandaten ihm ein Ende gemacht worden wäre.

§. 80.

Ich habe bis hieher erzählet, was für feindliche Auftritte sowohl in den Baierisch und Oberpfälzischen als in den Rhein-Staaten bey Lebzeiten des Pfalzgrafen Rupert sich zugetragen: ich habe auch wegen des Zusammenhangs der Dinge einen Blick auf jene Begebenheiten geworfen, die nach dessen Hintritt in den obern und untern Ländern vorgefallen sind. Mit Vorbedacht aber habe ich die Expeditionen der Reichs-Stadt Nürnberg bis daher, und zum lezten Artikel versparet, weil selbe nach der dermaligen Lage den vorzüglichsten Gegenstand der Quästion, und meiner Abhandlung ausmachen, in welcher Hinsicht alle übrigen und von andern Bundes-Verwandten vorgenommenen Operationen nur gleichsam als Prämissen in den Anschlag gekommen sind, und zur Beleuchtung der Geschichte gedient haben, aber zur bessern Fassung meiner im zweyten Theil vorgetragenen Rechts-Erörterung erforderlich waren, mit der sie wie Leib und Seele verbunden sind.

Da der Pfalzgraf Rupert in die Reichsacht erkläret war; so forderte der Kaiser auch die Reichs-Stadt Nürnberg den 18ten Mai im Jahr 1504 auf, welche die Reichsacht exequiren helfen sollte. Ich weis nicht, was blinder war, der Befehl, oder der Gehorsam. — Allein da die Nürnbergischen Aristokraten in ihren Kindern, die insgesammt von Geburt aus schon

Regen-

Regenten waren, unzählig heranwuchsen, da sie den Kaufmanns- und Bürgerstand schon fast aufgezehrt hatten, und täglich zu dem Himmel riefen, multiplicasti gentem, sed non magnificasti laetitiam — sofort, wie jene Küstenbewohner, die Götter um Schiffbruch bathen, um das Strandrecht gegen die Unglücklichen zu behaupten: — so war des Kaisers Auftrag hier ein gewünschter Panis-Brief. — Man suchte, um der Intrike eine Scheinfarbe zu geben, die Streitigkeiten herfür, die schon lange wegen den Gränzen obwalteten. Der Magistrat zu Nürnberg schickte also auf der Stelle am Mittwoch vor Pfingsten dem Pfalzgrafen Rupert einen Absag-Brief, worinn unter andern als eine Ursache der Fehde angegeben wurde, daß die Pfälzischen Beamten seithero gemeiner Stadt an der habenden Obrigkeit und andern Rechten auf dem Land viele beschwerliche Einträge zu thun, und auch der Stadt mit der Criminal-Jurisdiction auf den Reichswäldern grossen Abbruch zuzufügen sich unterstanden hätten.

Der schwäbische Bund-Hauptmann Hanns Langemantel foderte, man sollte das Kontingent nach Werd schicken. Der Magistrat säumte nicht, ließ schon am Montag nach Walburgis seine Soldaten im Zwinger mustern, gab jedem Einen Gulden Reisegeld, und zwey Ellen Tuch, und schickte 878 Mann zu Fuß, und 88 zu Pferd zu dem schwäbischen Bund. Bald darauf aber, nämlich am heiligen Kreuztag folgten wiederum 900 Mann nach, welche insgesammt von dem Kaiser besoldet wurden, so daß jedem gemeinen Mann wöchentlich Ein Gulden auf die Hand gegeben worden ist.

Es trafen zugleich bey Nürnberg 1170 Böhmen ein, mit welchen der Magistrat an dem Frohnleichnamstage Nachts um 1 Uhr 4000 Mann zu Fuß und Pferd vereinigte, und 31 Feldschlangen dazu gab, um in die obere Pfalz einzubrechen und zuerst die Stadt Lauf zu belagern.

Wie die Stadt Nürnberg in ihren Geschichten die Prahlerey ihrer Heldenthaten auf Stelzen zu tragen pflegt; so meldet sie auch, daß ihre Truppen der Stadt Lauf einen solchen guten Morgen gegeben hätten, daß die Glocke im St. Johannes-Thurm herabfiel. Lauf hatte sich nichts feindliches versehen, weil die eine Hälfte zu der Verlassenschaft des Herzogs Georg, die den Herzogen in Baiern Albert und Wolfgang kurz zuvor zugesprochen worden war — die andere Hälfte aber dem Kurfürsten Philipp von der Pfalz gehörte — folglich der Pfalzgraf Rupert, wider den die Feindseligkeit allein gemünzet, und wider den auch der obige Absag-Brief gerichtet war, darauf gar keinen Anspruch hatte. Weil nun Lauf in keinen Vertheidigungsstand sich befand; so foderte die Stadt einen 2 stündigen Was-

£ 2

fenstill-

fenſtillſtand, der auch bewilliget wurde — und dachte auf den Akkord. Da man aber nach Verfluß dieſer Zeit noch nicht einig war, ſo wurde die Belagerung fortgeſezt, von den Böhmen der Sturm angeleget, und die Mauern erſtiegen. Die Stadt ergab ſich auf Gnad und Ungnade: Der Pfleger aber, ein gewiſſer Lenkersheimer ſchwamm durch das Waſſer, und flüchtete ſich nach Rotenberg. Der Rath von Nürnberg nahm Beſiz von der Stadt, und ließ am folgenden Freitag verrufen, daß man in Lauf, und ſo in allen Orten, die man gewinnen würde, niemand einen Schaden zufügen ſollte.

Auffallend iſt gewiß die Apprehendirung eines Ortes, an dem ſogar der Freund und Alliirte ſeinen Antheil hatte. Noch auffallender aberder Schritt, den der Nürnbergiſche Magiſtrat auch auf ſolche Güter, die dem Freund und Alliirten ganz eigenthümlich und allein gehörten, ſich erlaubte, und ſogar vor die Stadt Hersbruck ruckte. Hersprul war eben ſo wenig auf den unerwarteten Anfall gefaßt, und ergab ſich. Dem ohnerachtet wurde die Stadt geplündert, bey welcher Gelegenheit die Nürnbergiſchen Soldaten des Raubes wegen mit den Böhmen ſo zerfielen, daß es blutige Köpfe abſezte, und auf beeden Seiten über 100 Mann erſchoſſen wurden. Dieſe Zwiſtigkeit veranlaßte, daß die Nürnberger und Böhmen von Stund an ſich trennten, jene aber allein nach Reidneck zogen, den Ort einnahmen, und das Schloß wegbrannten.

Das Kloſter Engelthal mußten die Nonnen — zur Gegenwehre unfähig — übergeben.

Acht Tage darnach nahmen die Nürnberger das Kloſter Weiſſenohr und beſezten auch Hohenſtein, welches Schloß ein Theil der Verlaſſenſchaft des Herzogs Georg war. Am Freitag vor St. Johannes marſchierten ſie nach Altdorf. Da ſie von dieſer Stadt einige Hinderniſſe beſorgten; ſo nahmen ſie die oben angeführten 31 Feldſchlangen und noch etliche Kartaunen, dann die ſogenannte groſſe Eule, die 99 Centner und 51 Pfund wog, und an welche 18 Pferde geſpannt wurden, nicht minder eine Kanone, das Volk genannt, welche 42 Pferde zogen, mit ſich nach Altdorf, und beſchoſſen die Stadt ſolchergeſtalt, daß ſie am folgenden Dienſtag ſich ergeben muſte. Der Magiſtrat ließ die nahe dabey gelegenen Derter Hagenhauſen und Stöckelsperg, das Nonnenkloſter zu Gnadenberg und das Schloß Deinſchwang, dann das Schloß Helmburg in Beſiz nehmen. Die Nürnberger giengen ſodann auf das Schloß Pezenſtein los, welches ſich bald ergab, und wo ſie eine groſſe Beute fanden; nach 18 Wochen eroberten es zwar die Pfälzer wieder, konnten es aber nicht behalten.

Am

Am Sonntag vor Margrethen wurde das Städtlein Velden überfallen, und bald darauf die Schlösser Grünsperg, Stierberg und Henfenfeld eingenommen.

Endlich wandelte die Nürnberger auch die Luft an, die Stadt Neumarkt ihrer Aristokratie zu unterjochen. Diese Stadt, welche den Feinden die Spitze am meisten geboten hat, verdienet allerdings, daß ich ein wenig dabey stehen bleibe, und dem Publikum von dem Charakter meiner lieben Landsleute und Nachbaren einen kurzen Vorschmack gebe. Neumarkt ist damals entstanden, als der Kaiser Heinrich IV. mit seinem rebellischen Sohn Heinrich V. auf Anhetzung des Römischen Hofes in Krieg verwickelt war. Denn da dieser die Stadt Nürnberg im Jahr 1105 mit stürmender Hand erobert, selbe den Soldaten zu plündern überlassen, und gar in einem Steinhaufen verwandelt hatte; so zog das Kriegsvolk von Nürnberg fort, schlug auf dem sogenannten rothen Sand, an der Regensburger Straße, wo nur ein Siechenhaus, die Kapelle des heil. Georg, und ein Mauthhaus stund, das Lager auf, um auszuruhen, und theilte und verkaufte die in Nürnberg gemachte Beute, wodurch ein großes Geschrey in der Nachbarschaft erscholl: „sehet, hier hebt sich ein neuer Markt an." Auf solche Weise hat der Ort den Namen Neumarkt bekommen. Es zogen sich nachher hier Leute zusammen, welche diese Stadt auf eigene Kosten bauten, Anlagen zusammen schafften, selbe mit zwey Mauern, Thürmen, Gräben und Wällen versahen, und im Jahr 1126 den ganzen Bau vollkommen herstellten. Viele Nürnberger, die in ihrem Schutt sich nicht mehr halten konnten, giengen ebenfalls dahin, und ernährten sich vorzüglich mit Gewerben. Man findet auch, daß die Volkhammer, Nützel, Tucher, Roßner, Ketzel, Weigl, Muffl, Feuchter, Stromer, Groß, Gugel, und mehr andere im Rath zu Neumarkt gesessen sind. Ein gewißes Nürnbergisches Geschlecht hat sogar den Namen von Neumarkt angenommen, wovon der Konrad von Neumarkt und seine Ehewirthin Adelheit den Grund zum St. Katharinenklöster in Nürnberg im Jahr 1291 gestiftet haben. Es waren um Neumarkt die ältesten Familien, als die Schenken, Sulzbürger, Wolffsteiner, Heimburger, Ehrenfelser, Hohenfelser, Helfenberger, Buchfelber, Gundelfinger, Haidecker, Buchberger, Thanner, Perngauer, Rotenfelser, Mittelrichter, Schweppermänner, Rittershofer, Stornfelser, Leitenbecker und noch andere mehr ansäßig, die ausgestorben, und ihre Güter meistens jure regio et avito an das Herzogthum Baiern gefallen sind. Es wurde zur Zeit, da Nürnberg verödet war, in Neumarkt ein Reichstag gehalten. Die Pfalzgrafen hatten daselbst eine Zeitlang ihr Hoflager, und es ist auch die pfälzische Regierung von Amberg mehrere Jahre hindurch in Neumarkt gestanden. Die Stadt hatte viele

Frey-

Freiheiten, und darf noch heut zu Tage in ihren Briefen das rothe Siegel, wachs gebrauchen, wo doch alle übrigen Städte in der obern Pfalz des grünen sich bedienen müssen. Sie hat auf einer Ebene die angenehmste Lage; es geht die Post, und Landstraße von Nürnberg und Regensburg durch. In der Stadt ist das große und vormals prächtige Schloß, worin die Pfalzgrafen resibirten, und auch der Pfalzgraf und nachmalige Kurfürst Friedrich im Jahr 1520 wohnte. Sie hat eine lange und breite Gasse, und große Gebäude, und zählt gegen 488 Häuser. Sie hat jederzeit fähige Männer erzeugt, und sie war der Geburtsort des gelehrten Sciopius. Die Inwohner haben Herz und Kopf gleich gut, und waren stets ihren Landesfürsten getreu. Sie sind witzig, industrios, erfinderisch, und durchaus aufgeweckte Geister. Das Gewerbe ist ihnen ein vollkommenes Studium, worinn sie auch Meistern Lektion geben können, weil sie es immer in Uebung haben, und auf den vielen Getreid, und Viehmärkten ausüben können. Ich könnte von dieser Stadt und ihren Inwohnern noch mehr rühmliches schreiben, wenn ich mich von meinem Endzweck nicht zu weit entfernte.

Den Nürnbergern gelüstete es sich dieser Stadt zu bemeistern, und dadurch die obere Pfalz sich ganz zinnsbar zu machen. Sie lagerten (wie die Neumarker sagten) 5000 Mann vor der Stadt, hinter dem Siechhaus, besetzten das Waldschloß Hainsburg, pflanzten am St. Margarethen Abend 40 Feldschlangen, und 10 große Kanonen auf, schoßen bei dem Spital eine große Breche, machten an den Mauern, Thürmen und Häusern einen großen Schaden, und wagten endlich einen Sturm. Aber die Neumarker warfen hinter der Breche einen Wall auf, schlugen die stürmenden Nürnberger zurück, und legten viele auf die Haut, worunter auch zwey junge Patrizier, nämlich ein Tucher und ein Grundherr die Nase verbrannt, und in das Gras gebissen haben. Die Neumarker hatten zu ihrem Vortheil das außer der Stadt auf einem hohen Berg gelegene Schloß Wolfstein, welches über das Lager der Nürnberger dominirte, und diesem sehr warm machte. Es bedauerten die Nürnberger, daß sie nicht zuvor dieses Schloß über den Berg herabgeworfen, sie konnten nun dagegen nichts unternehmen, sondern mußten vielmehr von selbem viele harte Schläge aushalten. Es war schon die dritte Woche, ohne daß eine Hoffnung der Eroberung übrig war. Was die Nürnberger bey Tag gewebet, das hatten die Neumarker wie die Penelope zu Nachts wiederum aufgelöset, folglich mußten jene am Mittwoch vor Peter Kettenfeier die Belagerung aufgeben, und zu der alten Mutter heimziehen. Der Muth hatte sie verlassen, aber nicht die Großsprecherey; da wo die Wolfshaut zu kurz war, hängten sie den Fuchspelz daran, und sagten, sie möchten nicht alle Monate eine oberpfälzische Stadt gewinnen. Damit

mit fie aber ihre Schande rächten, so verbrannten fie das Waldschloß Hainsburg, die Schlößer Heimburg und Deinschwang und noch mehrere Oerter.

Da der Anschlag auf Neumarkt gescheitert war, und die Nürnberger schon in ihre Heimath zurückgegangen waren, dachten fie neue Mittel aus, auf Kosten der pfälzischen Staaten fich zu vergrößern. Sie verließen also am St. Sebaldstag noch einmal die Stadt, und nahmen ihren Marsch in die obere Pfalz, nach dem großen Dorf Berngau bey Neumarkt, allwo fie den Marggrafen von Brandenburg erwarteten, um fich mit ihm zu vereinigen, und weiter zu greifen. Nachdem fie acht Tage lang fruchtlos gewartet hatten, so kehrten fie wiederum nach Hause. Der Kaiser, welcher besorgte, die Nürnberger dörften ihm so über den Kopf hinauswachsen, daß er zuletzt in seiner Theilung nicht zurecht käme, stellte endlich ihre Eroberungen ein. Der Magistrat zu Nürnberg ließ sogleich von allen besetzten Orten die bayerisch- und pfälzischen Wappen abwerfen, die Nürnbergischen dafür aufstecken, und überall die Huldigung einnehmen.

Man kann hier mit Stillschweigen nicht umgehen, was für Unheil die Nürnberger in der obern Pfalz gestiftet haben, indem fie die Unterthanen und ihr Vieh mit Kriegs - Scharwerken (Frohnen) ungemein belästiget, Proviant und Fourage-Lieferungen erpresset, die Quartiere ohne mindesten Ersatz mit ihren Leuten voll gepfropft, und ihren Unfug überall nach Belieben getrieben haben. Wer pfälzisch gesinnet war, wurde äußerst verfolgt; so nahm zum Beispiel der Magistrat zu Nürnberg dem Martin Truchseß aus keiner andern Ursache das Schloß Grünsberg weg, und zog es an fich, als weil dieser, wie aus der Darstellung § 5. noch errinnerlich ist, ein pfälzischer Anhänger war.

§. 81.

Während daß so große Verheerungen und Trennungen der Länder in den obern und untern Staaten des Kurfürsten Philipp vorgiengen, starb der Pfalzgraf Rupertus virtuosus zu Landshut am 20sten August im Jahr 1504. im vier und zwanzigsten Jahre feines Alters, deffen Tugend, Leutseligkeit, Freygebigkeit, Geschicklichkeit in Staats- und Kriegs-Sachen, und andere wahrhaft fürstliche Eigenschaften ein längeres Leben und ein befferes Schicksal verdienet hätten. Die Ursache feines Todes wollten zwar einige der rothen Ruhr zuschreiben. Viele aber und unter andern auch fein Vater der Kurfürst Philipp behaupteten, daß er an Gift gestorben fey. 1) Er hatte aus

aus der Ehe mit der Herzoginn Elisabeth einen Prinzen Georg mit Namen, der kurz vor ihm in die Ewigkeit hingieng, und von dem man ebenfalls sagte, daß er durch Gift aus der Welt geschafft worden wäre — und noch zwey Söhne die Pfalzgrafen Otto und Heinrich erzeuget. Die Pfalzgräfliche Frau Wittwe ließ den Todesfall ihres Gemahls acht Tage lang geheim halten, und endlich den entseelten Leichnam Abends im Kloster Seldenthal bey ihrem Vater dem Herzog Georg begraben.

Nun lag auf Ihr — einer so jungen Wittwe die ganze Last der Regierung und des Kriegs. Da sie die Regierung auf das genaueste besorgte; so führte sie auch den Krieg auf das eifrigste fort, und übertrug das Kommando über die Armee dem General von Wisbeck, dem es vormals ihr Gemal genommen, und dem General von Rosenberg übergeben hatte. Wisbeck hatte als ein vertrauter Freund und Minister ihres Vaters bey ihr mehr Zutrauen.

1) Leodius in vita Frid. II. Elect. p. m. 31. et Tolnerus in tabell. genealogica Comit. Palat. Lit. C.

§. 82.

Die Allirten des Herzogs Albert waren indessen der Sache selbst schon so müde geworden, daß sie ihren Beystand aufgeben und davon ziehen wollten; einige nahmen wirklich den Abschied, und die noch übrigen wankten auch. Wäre nicht das Pfalzgräfliche Ehepaar vom Kaiser in die Reichs-Acht erklärt, und ihre Helfer ebenfalls damit beleget worden; so würde der meiste Theil des innländischen Adels, und der Klöster sammt den Städten und der Bauerschaft die Parthey derselben kräftigst unterstützet, und selbst dem Kaiser in die Haare gegriffen haben. Der Verlust der Ehre, des Charakters, des Vermögens hielt viele ab, und band sie noch an die Sache des Herzogs Albert und des Kaisers.

Dem Herzog Albert wollten auch selbst seine Unterthanen, und besonders die Burger zu Ingolstadt nicht mehr gehorchen. Er forderte 300 wohlgerüstete Bürger nach Donauwerd; allein die Bürger, so sehr ihnen auch der Magistrat zusetzte, weigerten sich, und gaben vor, daß sie nicht schuldig wären, ausser den Mauern auf fremde Streifereyen auszugehen, und ihre Familien und Nahrung mit größter Lebensgefahr, wozu nur besoldete Soldaten verpflichtet wären, zu verlassen; besonders da ihre eigenen Häuser von den Soldaten des Herzogs kaum mehr zu retten wären, welche durch ihre Ausschweifungen selbst ihr Vermögen in der Stadt unsicher mach-

machten. Zudem wäre eine alte Gewohnheit, vermög welcher man nicht verbunden wäre, für einen Landesfürsten in das Feld zu ziehen, bevor er
nicht Jahr und Tag den Besitz des Landes hätte. Nun war also der Magistrat in die Nothwendigkeit gesetzt, dem Herzog eine abschlägige Antwort
zu geben, und neben obigen Einwendungen auch die Lage vorzustellen, daß
nämlich Ingolstadt von Landshut, Neuburg, Rain und dem Nordgau her
mit Feinden eingeschlossen wäre. Es wäre auch ein solcher Zug den Bürgern um so weniger anzubürden, als derley Unternehmungen nur für besoldete und regulirte Soldaten — nicht für Bürger, deren ohnedem wenige in der Stadt wären, geeignet wären. — Der Herzog muste also durch
die Finger sehen, und den verlangten Sukkurs der Stadt erlassen. —

Es brach auch das Misvergnügen der Alliirten wirklich sowohl im Lager als zu München aus. Nun bot der Kaiser alle Kräfte auf, um den
Bund neuerdings zu schliessen. Er ermahnte mündlich und schriftlich die
Bundes-Verwandten zum thätigen Beystand; er sagte sogar nach Frankfurt einen Tag an, berufte die Bischöffe zu Salzburg, Würzburg, Bamberg und Eychstätt dahin, und handelte mit Ihnen wegen der Hülfe. Allein auch das war fruchtlos — jeder wollte künftig lieber neutral bleiben,
als seine Länder den feindlichen Anfällen aussetzen. Er muste also gleichwohl
versuchen diejenigen beyzubehalten, welchen etwa noch ein Erwerbungs-Vor-
theil vor den Augen schwebte. Der Herzog Albert gerieth auf einen andern
Gedanken. Er berief alle vom Adel, die in des Pfalzgrafen Diensten waren, zu sich in das Lager, indem er vorgab, daß durch den Tod desselben
alle ihre Pflichten erloschen wären — Es erschien aber niemand — vielmehr entstand unterdessen selbst in seinem Lager zu Zell eine Gährung, indem die Truppen der Alliirten, die der Kaiser ihm schickte, den Sold nicht
erhielten, und dahero laut murrten. Gegen dreitausend Mann wollten davon ziehen, und die Brandenburger dem nämlichen Beyspiel folgen. Zum
Glück wurde der Lärm noch bey Zeiten durch Bezahlung des Soldes gestillet.

§. 81.

Es traf bald darauf ein neuer Umstand ein, der den Plan des Kaisers und des Herzogs ziemlich zerrüttete. Braunau war in den Händen
des Herzogs. Die pfälzischen Generale, welche den Todesfall des Pfalzgrafen verheimlichen wollten, sammelten ihre Truppen von Landshut und
Burghausen, lagerten sich mit 4000. theils regulirten Soldaten, und theils
in der Gegend geworbenen Bauern vor der Stadt Braunau, und pflanz-
M ten

ten alle ihre Kanonen auf. Der Graf Georg von Helfenstein lag mit 70 baierischen Soldaten in Garnison. Mehrere wollte ihm der Herzog Albert nicht zurücklaßen, weil er auf die Treue und Tapferkeit der Bürger hoffend auf eine hinlängliche Besatzung die Rechnung machte, und auch den Suk-kurs von Schärdingen aus offen ließ. Die Pfälzer waren zuerst bedacht, die Proviantzufuhren abzuschneiden, welche sowohl zu Lande als auf dem Waſſer geschahen. Sie machten auch wirklich einige Beute, und bemäch-tigten sich bey Wierting zweyer mit Wein beladenen Schiffe, welche sie nach Burghausen und Landshut schickten.

Der Kommandant von Helfenstein foderte von Schärdingen aus einen Sukkurs. Da diese Stadt unfähig war selben zu schicken; so ließ der Pfleger zu Schärdingen die ganze Bauerschaft im Landgericht aufbiethen. Wirklich waren gegen 1500 Bauern beysammen, welche aber, sobald sie die Ursache der Expedition vernommen hatten, sich weigerten nach Braun-au zu gehen, und noch viel minder Kriegsdienste zu thun. Sie wendeten ein, daß sie mit ihren Steuern und andern Abgaben die Soldaten unter-halten müſten, welchen deswegen auch die Vertheidigung des Landes und der Festungen gebührte. Der Herzog Albert konnte der Stadt ebenfalls nicht helfen, weil eben damals der schwäbische Bund von seinem Lager sich trennen wollte. Die Pfälzer fuhren also fort die ganze Gegend zu besetzen; fielen aus nach Toblhapm, plünderten es aus, und bedrohten auch das Schloß abzubrennen, wenn es sich nicht unterwerfen wollte. Das nämli-che bedroheten sie dem übrigen Adel um Braunau. Die Stadt selbst wur-de Tag und Nacht beschoſſen; die Burgerschaft und Garnison war von Strapazen fast erschöpft — alle Hülfe und Zufuhr war abgeschnitten, ein Theil der Mauern und viele Häuser lagen in Schutt, und in der Stadt war vor den Kanonenkugeln niemand mehr sicher. Der Kommandant, der von auſſen die Uebermacht der Feinde, und in der Stadt die Unthunlich-keit auszuhalten fühlte; weil die Bürgerschaft zu wanken anfieng, und von der Uebergabe sprach, war nun auch auf die Gedanken gestimmt, zu kapituliren, welches auch die Pfälzer bewilligten, und zwar so, daß die Burger so nicht in der Stadt verbleiben wollten, mit der Garnison abziehen dürften. Hierauf giengen die Bürger, die dem Herzog Albert getreu wa-ren, nach Paſſau, der Kommandant zog mit der Garnison nach Schärdin-gen, und sodann zum Herzog Albert, von dem er sauere Gesichter bekam, und die Pfälzer besezten die Stadt. Sie legten nun Hand an die beschä-digten Mauern auszubeſſern, und riſſen die Schlöſſer Julbach und Frauen-stein vor der Stadt nieder, damit die Baiern darinn sich nicht halten, und der Stadt Schaden thun könnten.

§. 82.

§. 82.

Der Herzog Albert marschirte mit seinen Truppen ins Bistum Eichstätt, schlug bey Marchsheim sein Lager auf, und trat zu Donauwerd mit dem schwäbischen Bund in Unterhandlungen, um selben zur Fortsetzung des Kriegs zu bereden. Sein Vorhaben hatte beynahe schon gescheitert, als die Nachricht eintraf, daß der Pfalzgraf Rupert todt seye. Das gab nun seinen Unterhandlungen eine neue Schnellkraft, indem die meisten Bundsverwandten daraus ein glückliches Omen zogen, bey der allirten Armee verblieben, und vermutheten, daß nunmehr der Krieg dem Ende nahe wäre. Allein sie mußten in Bälde das Gegentheil erfahren, indem die Nachricht kam, daß der Churfürst Philipp mit allem Eifer auf dem Krieg bestehe, und durch die Generale seines verstorbenen Sohnes eine große Anzahl Böhmen in den Sold nehmen lassen wolle. Er schickte auch würklich bald darauf frische Truppen vom Rhein herauf. Die böhmischen Edelleute, Heinrich und Dietrich von Gutenstein, Albert von Sternberg, und Johann von der Weitmülle, und noch mehrere eilten mit 700 Mann zu Pferd und 5000 zu Fuß herbey, vereinigten sich mit den Truppen des Kurfürsten Philipp, fielen dem Marggrafen Friedrich von Brandenburg in das Land, nahmen Tierscham, Arzberg, Neustadt und Wunstadt weg, plünderten diese Oerter aus, und brannten selbe ab. Sodann rückten sie vor Sulzbach auf dem Nordgau, um es ebenfalls zu überrumpeln. Es kamen aber die Brandenburger und Nürnberger dahin, und zwangen die Pfälzer und Böhmen zum Abmarsch.

Der Herzog Albert wollte auf dringende Vorstellungen des Marggrafen von Brandenburg mit 4000 Mann zu Fuß und 800 zu Pferd die Feinde aus dem Anspacher und Bayreuther Lande vertreiben. Er rannte spornstreichs mit einer hinlänglichen Mannschaft nach Weissenburg, und in die Gegend von Anspach — allein die Pfälzer und Böhmen hatten sich schon in mehrern Kolonnen davon gemacht. Der Herzog erhielt auch Briefe von der Stadt Sulzbach, daß die Böhmen und Pfälzer durch Hilfe der Nürnberger und Brandenburger davon getrieben worden wären. Der Herzog mußte also seinen Marsch nach Freistadt, Sulzburg, Ernspach und Perching, von da nach Hemmrau und Ebertshausen nehmen, weil er benachrichtigt wurde, daß die Böhmen und Pfälzer bey Regensburg sich versammeln wollten. Hingegen die Pfälzer und ein Theil der Böhmen ziehen von Sulzbach über Amberg und Schwandorf auf der Straße den geraden Weg nach Regensburg; und ein anderer Theil der Böhmen wartete auf weitere Verstärkung, oder schien wenigstens zu warten, um indessen im Lande zu verweilen und mit Beute machen sich zu beschäftigen. Sie marschirten durch das Stift Wald-

M 2   lassen

faſſen, lagerten ſich zu Tirſchenreith, plünderten die benachbarten Dörfer aus, und verbrannten Hohenwald, ſodann aber traten ſie die Reiſe nach Regensburg an.

§. 83.

Der Kaiſer, welcher die pfälziſch und böhmiſchen Truppen anzugreifen ge-
ſonnen war, marſchirte ebenfalls mit ſeiner alirten Armee gegen Regensburg,
wohin die Stadt Nürnberg am Samſtag vor Maria Geburt 700 zu Fuß,
und 400 zu Pferd abſchickte. Sobald die feindlichen Armeen gegen einander ſtunden, fielen täglich kleine Scharmützel vor, wobey die Böhmen faſt
allezeit die Anfänger waren. Sie haben damals das Schloß Schönberg,
aus dem ſie den Pfleger Michael Zenger von Liechtenwald, der ſich ihnen wi-
derſetzte, verjagten, mit Gewalt beſetzet, und vor dem Schloß drey Wagen-
burgen errichtet. Der Kaiſer war entſchloſſen, eine Schlacht zu liefern, daher ließ er durch den Sigmund von Korbach, Kommandanten zu Regensburg vor dem Angriff einen feyerlichen Bittgang mit großer Pracht in der
Stadt anſtellen, um für ſeine Waffen den Himmel mit in das Spiel zu
ziehen. Die Pfälzer und Böhmen aber waren im Begriff, ihr Lager zu ver-
ſchanzen. Der Kaiſer konnte alſo den Angrif nicht länger verſchieben, ſeine
Armee beſtund aus ſeinen Truppen und den Truppen ſeiner Alirten. Er hatte
den Herzog Albert aus Baiern, den Marggrafen Friedrich von Brandenburg
mit deſſen Söhnen Kaſimir und Georg, den Herzog Erich von Braunſchweig
und den Herzog Georg von Ligniz bey ſich. Er griff die Feinde mit anbre-
chendem Tage an; die Pfälzer wichen beym erſten Anfall, die Böhmen aber retirir-
ten ſich auf eine Anhöhe, und widerſetzten ſich mit größtem Muth. Der Kaiſer drang
mitten ins Feuer, und kam alſo in das Gedränge, daß er am Arm und Bein verwundet, und mit einem Streithammer auf dem Rücken geſchlagen wurde, und ſo
vom Pferde fiel, wo er gewiß getödet, oder von den Pferden zertreten worden wäre,
wenn ihn nicht der Herzog von Braunſchweig gerettet hätte. Ein baieriſcher Ritter, Georg Schenk von Neudeck war an ſeiner Seite und wollte ihm helfen, er wurde aber vom Pferd herabgeſtürzt, und von den Böhmen ermordet. Endlich wurden
die Böhmen in die Flucht geſchlagen, 1800 blieben auf dem Schlachtfeld, und
600 wurden gefangen, die der Kaiſer wiederum nach Hauſe ziehen — hingegen vielen Gefangenen vom Adel, die dem Pfalzgrafen anhiengen, als
Mechtern und Rebellen die Köpfe abſchlagen ließ. Bey der Armee des Kaiſers wurden viele vermißet; man zählte unter den Todten viele Fürnehme, und
unter andern auch des Kaiſers Thürhüter und Mundſchenk, dann den Johann von Eybing, Georg von Schamberg, Johann Lachinger, Sigmund
von Dowenel, Johann von Hezendorf und Johann Lochner, welche bey den

Domi-

Dominikanern zu Regensburg begraben wurden. Selbst der Herzog von Braunschweig war verwundet, und noch überdas hatten viele vom Adel so starke Verwundungen erhalten, daß sie zu Regensburg in die Kur gegeben wurden. Es wurde hierauf zu Regensburg das Te Deum Laudamus unter dem Donner der Kanonen abgesungen, und der Sieg im ganzen Land verkündet, worüber des Kaisers Anhänger in Freuden-schwammen, und sowohl in den Kirchen Dankopfer entrichteten, als in den Zirkeln Festins anstellten. Die Beute, welche durch diese Niederlage gemacht, und nach Regensburg gebracht wurde, war sehr groß, indem das ganze Lager mit 300 Wägen erobert wurde, welches der Kaiser alles für sich behielt, und wie der Löw in der Fabel den Meister spielte, und an den Lastthieren seinen Allirten das sie vos non vobis, wahr machte. Die Nürnberger, die sich ziemlich um Beute umgesehen hatten, mußten ebenfalls alles dem Kaiser einliefern. Die Böhmen flohen also in ihr Vaterland zurück; sie wurden noch auf der Flucht verfolgt, und viele theils von den Soldaten und theils von den Bauern todt geschlagen. Man sagt, der Kaiser habe den Herzog von Braunschweig wegen der im Treffen erwiesenen Hilfe mit der Grafschaft Glaz beschenkt. Die Augsburger vom Bund, welche 40 Mann zu Pferd und 400 zu Fuß gestellt hatten, eroberten 4 Fahnen, die sie nach Hause lieferten. Die Nürnberger trugen auch 6 Fahnen mit sich fort. Der Johann Ilsung von Augsburg wurde besonders ausgezeichnet, indem ihn der Kaiser wegen seiner in der Schlacht bezeigten Tapferkeit auf der Stelle zum Ritter schlug. Der Burgermeister von Augsburg und Bundeshauptmann Johann Langenmantel erhielt von dem Herzog Albert die Hofmarch Iglingen zur Schankung. Der Andreas Tucher, Georg Fütterer, und Wolfgang Böhmer von Nürnberg wurden vom Kaiser zu Rittern geschlagen. Das war die einzige Großmuth, die ganz allein aus seinen Mitteln geflossen ist. Die Nürnberger, die nach dieser Aktion nach Hause zogen, übten unter Wegs ihren Muthwillen aus.— verbrannten Deining — meinen Geburts- und dermaligen Aufenthaltsort, führten über 300 Stück Vieh davon, und streckten ihre Finger aus, wo sie nur konnten. Die Böhmen, die in zerstreuten Haufen zurückkehrten, brannten auf einer Seite den Gleißhammer im Nürnbergischen, und die Häuser bei dem deutschen Teich, dann Feucht und gegen 50 Dörfer weg; auf der andern Seite wanderten sie über Burglengenfeld, welches sie plünderten und wegbrannten, durch das Stift Waldsassen, und waren mit ihren Verwüstungen nicht minder sparsam, ja trieben fast selbe in einem höhern Grade als zuvor, indem die zwey von Gutenstein neue Mannschaft aus Böhmen geholt, und fast alle oberpfälzischen Schlösser, Märkte, Städte und Dörfer, die an den böhmischen Gränzen lagen, unter ihre Gewalt gebeugt, überall geplündert, und in viele auch Feuer geworfen haben. Der Herzog

M 3   Albert

Albert beforgte, daß auch gegen Straubing ein Schwarm auslaufen dürfte, er ermahnte also die dortigen Bürger, daß sie fleißig auf ihrer Hut seyn möchten.

§. 84.

Der General Wißbeck, dem der Muth noch nicht entfallen war, sammelte demnach die pfälzischen Truppen, welche zu Schönberg bey Regensburg zerstreuet worden sind, und brachte 1000 Reiter bey Neuburg an der Donau zusammen, vor welchen die Bundes-Verwandten zu Donauwerd zitterten, weil ihr Corps sehr geschwächet war, und viele wegen dem zu Regensburg erfochtenem Sieg nichts mehr befürchtend nach Hause geeilet waren. — Aber Wißbeck nahm eine ganz andere Marsch-Route, und zog gegen Ingolstadt nach Vohburg, plünderte und verbrannte die auf dem Marsch angetroffenen Dörfer Lenting, Kemling, Deiffina, Erlach, Zegelham, Möring, Mening, Au, Straßhausen, Betling, Kalbait, Kösching, Gammersham und Oetting, und verfuhr auf die nämliche Art im Gericht Reichartshofen. Er nahm auch 18 Wägen mit Wein weg, und lieferte selbe nach Neuburg an der Donau. Da er eben auf dem Weg nach Landshut begriffen war, traf er 63 baierische Soldaten, welche nichts besorgten an, hob selbe auf, und nahm den bekannten Winzerer, den Grafen von Sonnenberg, den Bernhart von Seyboltstorf, den Johann Umgelter und noch mehrere vom Abel gefangen, und führte sie nach Landshut. Es entkamen ihm der Heinrich Göß Pfleger zu Falkenstein, Wolfgang von Schmicken Pfleger zu Vohburg, und Peter Zeilhafer Pfleger zu Pfaffenhofen, die mit der Flucht sich retteten, und zu Abensperg — in Löselholz's Raubnest sich verbargen.

§. 85.

Der Kaiser und der Herzog Albert, welche immer neue Kräfte und einen starken Zufluß von Mannschaft an ihren Gegnern bemerkten, mußten nun auf die Verstärkung ihrer Armee ebenfalls bedacht seyn; sie kamen in dieser Absicht anfänglich zu Abach, und nachhin in Geissenfeld zusammen, allwo sie von dem öfters berührten Löselholz benachrichtigt wurden, daß in Landshut allein noch eine Summe 2000 wehrhafter Soldaten, und auch der General von Rosenberg, der Graf Ludwig von Löwenstein, Ludwig von Hutten, Schweicker von Sickingen, ein andrer von Rosenberg, der Wolf von Dallberg, Ulrich von Zedwiz und mehrere vom Abel sich befänden. Darauf giengen beede nach Wolnzach und Inderstorf, und brachten
die

die Reiterey zu Stande. Der Herzog Albert aber ließ widerholt an die Landstände in Nieder-Baiern ein Ausschreiben ergehen, weil auf seine erste Vorladung niemand erschienen war. Aber auch auf die zweyte wollte keiner folgen, weil niemand sich getraute, bey noch sehr dunkeln und zweifelhaften Kriegs-Aussichten sich und sein Vermögen auf das Spiel zu setzen, indem die Pfälzer noch immer die wehrhaftesten Städte innen hatten, und mit guter und zahlreicher Mannschaft versehen waren. Es war demnach für den Herzog Albert nichts anders übrig, als durch das Loos des Krieges zu entscheiden, was er durch seine Vorstellungen nicht ausrichten konnte. Er warb also Soldaten an, wo es nur möglich war. Auch der Kaiser ließ frische Truppen von Oestreich und aus den Reichs-Landen herbei kommen.

§. 86.

Die Pfälzer hingegen befestigten ihre Schlösser und Städte; sie schickten den Carius Grafen von Oettingen, dessen Bruder auf des Herzogs Alberts Seite war, mit 200 Mann zu Pferd von Landshut nach Neuburg an der Donau, welcher unter Wegs Brandsteuern erhoben, in Ebenhauffen einen Wagen mit Wein genommen und nach Neuburg geliefert hat. Von Landshut aus wurde auch das Schloß zu St. Martin, welches dem von Trenbeck gehörte, mehrmal angefallen, und mit den umherliegenden Dörfern geplündert und angezündet.

§. 87.

Da das ganze Land in voller Gährung und Unruhe war, gieng die Herzogin in Baiern und Pfalzgräfinn bey Rhein Elisabeth zu Landshut am 17ten September im Jahr 1504. an der nämlichen Krankheit (wie man sagte) die kurz zuvor ihrem Gemahl aufgerieben hatte, in die Ewigkeit. 1) Sie wurde zu ihrem Vater Herzog Georg, und ihrem Ehegemahl Pfalzgrafen Rupert im Kloster Seldenthal begraben, der Todesfall aber, so lange es möglich war, geheim gehalten, und um ihn recht zu verheimlichen, die Kriegs-Operationen keinen Augenblick unterbrochen. Die Pfalzgräfinn war allgemein geliebt, als eine tugendhafte Fürstinn — als eine rechtschaffene Ehegattinn — als eine sorgsame Mutter — als eine biedere und leutselige Regentinn, und als eine tapfere und männliche Amazonin geschätzt; und von Rechtschaffenen — beweint. Der Kurfürst Philipp war unstreitig der Vormund der zwey minderjährigen Kinder, der Pfalzgrafen Otto Heinrich und Philipp, obschon ihn der Kaiser in dieser Eigenschaft nicht erken-

erkennen wollte. Es foderte ihn nicht nur die Pflicht, die ihm als Groß-Vater oblag, zur Vormundschaft auf; sondern er war ausserdem auch noch vom Herzog Georg als Exekutor des Testaments aufgestellet. Dahero er auch seine verwaisten Enkel in Schutz nehmen muste, um so mehr, als man von dem Reichs-Oberhaupt dem größten Feind keine ächte Vormundschafts-Bestellung hoffen konnte. Der Kurfürst sezte demnach den Krieg fort, und der Graf Wilhelm von Hennenberg, Georg von Rosenberg, und Georg von Wisbeck waren wie Vormünder besorgt für die zwey jungen Pfalzgrafen.

z) Vid. Tolner, in tabell. genealog. Comit. Palat. Rheni Lit. C. per verba Elisabetha obiit veneno.

§. 88.

Hingegen der Kaiser verfolgte die Aeltern noch in den unschuldigen Kindern, und trachtete, sie auch um die noch übrige Baarschaft und das Allodial-Vermögen zu bringen. Er schickte seine Armee nach Kufstein um diese wichtige Festung zu gewinnen, oder vielmehr sie sich zuzueignen.

§. 89.

Der General Wisbeck, welcher das erfuhr, benuzte die Gelegenheit, verließ mit 2000 Mann zu Fuß und 1400 zu Pferd die Stadt Landshut, und marschierte nach München. Er lagerte seine Völker vor dem Isarthor auf einer Anhöhe, und beschoß die Stadt, welche aber mit ihren Kanonen ihm scharf begegnete, und ihn zu weichen zwang. Er streifte sodann im Lande herum, damit aber sein Marsch nicht gehemmet wurde, schickte er die Artillerie voraus. Der Pfleger zu Schwaben Johann von Weisdorf beobachtete den Zug, wagte einen Ausfall auf die Artillerie, machte die dabey befindliche Bedeckung nieder oder gefangen, und nahm alles Geschütz, worunter eine grosse Kanone war, welche 13 Pferde ziehen musten, sammt 10 Centner Pulver weg. Der General Wisbeck wollte dieses Unternehmen nicht ungerächt hin gehen lassen, umrang also das Schloß; weil er aber mit Kanonen nicht versehen war, so konnte er es nicht förmlich belagern. Der Pfleger Weisdorf säumte auch nicht mit den eroberten Kanonen auf die Belagerer also zu schiessen, daß viele verwundet und getödtet wurden, und Wisbeck wegen den starken Mauern und der tapfern Garnison einen Sturm zu wagen sich nicht getraute. Er begab sich also fort und richtete allenthalben das schrecklichste Unheil an. In den Landgerichten Erdingen

ding und Schwaben, dann in dem Kloster Eberßperg plünderte er alles aus,
und legte gegen 50 Dörfer in die Asche; sodann verfügte er sich mit großer
Beute beladen nach Landshut.

§. 90.

Mittlerweile setze der Kaiser dem Schloß Kufstein heftig zu. Er rufte
auch den Herzog Albert als Zuseher zu diesem kriegerischen Spektakel. Es
war nichts anders vorauszusehen, als daß der Kommandant Pinzenauer auf
das tapferste sich wehren würde, weil er zu diesem Ende das Schloß sehr
befestiget, und mit allen Erfordernissen hinlänglich versehen hatte. Der
Kaiser foderte zuerst die Stadt zur Uebergabe auf. Die Bürger entschul-
digten sich mit der Aeusserung, daß Pinzenauer ihnen die größten Bedrohungen machte, wenn sie sich ergeben würden. Der Kaiser beschoß also
sowohl die Stadt als das Schloß mit seinen Feldschlangen; allein der Kommandant richtete seine Kanonen auf des Kaisers Lager, daß dieser es ver-
ändern muste. Der Kaiser richtete mehrmalen seine Kanonen auf das Schloß,
aber mit einer so geringen Wirkung, daß die Kugeln wegen der Höhe des
Berges dasselbe kaum berührten. Pinzenauer spottete darüber mit hämi-
schen Worten, und kehrte sogar im Angesicht des Kaisers die Mauern mit
einem Wesen ab. Dadurch gerieth der Kaiser in einen solchen Zorn, daß
er dem Pinzenauer alles Unheil schwur. Er stellte darnach 3 Tage lang
die Belagerung ein, ließ die Kartaunen, worunter eine besonders grosse
Burlabuchs, und fast eine eben so grosse Weck auf von Oesterreich — genannt wurde, von Inspruk auf dem Wasser herbeyführen, und dann das
Kanoniren von neuem anfangen. Es wurde eine 14 Schuh lange Oeffnung in die Mauer geschossen. Die Festungswerke stürzten ein; die Felsen
wurden zerschmettert, und Pinzenauer war in solcher Verlegenheit, daß er
den von Redwitz und von Stauf zum Kaiser schickte, und die Kapitulation
antrug, welche aber abgeschlagen wurde, weil der Kaiser die Spöttereyen
des Pinzenauers nicht vergessen wollte. Nun muste jeder auf seine eigene
Rettung bedacht seyn; einige schlichen aus dem Schloß, und wurden gefangen und in Fessel gebunden. Pinzenauer und die Officiere wollten ebenfalls entwischen, allein sie wurden ergriffen und in einem Bauernhaus enge
verwahrt. Hierauf nahm der Kaiser Besitz von der Stadt und dem Schloß,
und erlangte eine sehr grosse Beute an Artillerie, Pulver und baarem Gelde.
Sodann wurde den Gefangenen der Prozeß gemacht. Gleich anfänglich
verbot der Kaiser allen ohne Ausnahme bey schwerer Ungnade für den
Pinzenauer und die Garnison um Pardon zu bitten. Er ließ demnach zuerst dem Pinzenauer — einem Mann von gutem Adel, von Rechtschaffen-

N   heit,

heit, von den besten Eigenschaften — von jedem bedauert, und im ganzen Lande mit Trauer-Liedern besungen — den Kopf abschlagen, und das nämliche Urtheil auch an dem Pfleger des Schlosses — von Trautenberg — an den Offizieren Wampold und Türrigel — und an 3 Büchsenmeistern und 18 Soldaten vollstrecken. Die Ordnung traf auch einen Böhmen, der sich dermaßen wehrte, daß ihm der Scharfrichter nicht zukommen konnte. Es bathen für ihn die Grafen Felix von Werdenberg, und von Zollern, und erhielten ihn bey dem Leben. Da der Kaiser sein Bluturtheil bis auf den letzten Mann nicht unterbrechen wollte; so trat endlich der Herzog von Braunschweig herfür, und bath um Parden, welchen er auch für die noch übrigen 20 Mann, und zugleich einen Backenstreich von dem Kaiser erhielt mit dem Ausdruck: ob er denn das Verbot schon vergessen hätte? Durch diese Tragödie hat der Kaiser seine schaudervolle Grausamkeit verewigt — seine Majestäts-Beleidigung mit dem Tode tapferer Männer entschädiget, und ihre Grabstätte mit der unphilosophischen Rachsucht versiegelt! Er ließ die Böhmen mit ihrem ganzen Plunder frey abziehen, hingegen die Baiern und Pfälzer deswegen auf baierischem Grund und Boden niedermetzeln, weil sie denjenigen Ort, den er seiner Gewinnsucht aufopfern wollte, nach Kriegs-Pflicht heldenmäßig vertheidiget hatten. Er legte dem Pinzenauer Untreue zur Last, da dieser doch dem Kaiser keine Treue schuldig war, weil er niemals in dessen Diensten stund, und also gewiß wider die Regeln der Rechtschaffenheit gehandelt haben würde, wenn er die pfalzgräfliche Parthey meineidig verlassen hätte, da er doch vormals vom Herzog Georg besoldet, und sogar mit Allodial-Gütern beschenket worden ist. Der Kaiser, der andere der Untreue wegen erwürgte, hat sie in dem nämlichen Augenblick an seinem eignen Freund und Schwager am allermeisten begangen, indem er Kuflein gleich nach der Eroberung im Besitz nahm, alle Erträgnisse sich zueignete, und eben denjenigen Ort aus dem Herzogthum Baiern los riß, den er kurz zuvor dem Herzog Albert mit allem was der Herzog Georg besaß, als unveräusserlich zugesprochen hatte, und den die Herzoge von Oestreich — seine Vorfahren — dem Herzogthum Baiern vertragmäßig und eigenthümlich einverleibet hatten, um die Grafschaft Tyrol zu erlangen! Er hat demnach das, was die Pflichten der Treue und der Unverletzlichkeit den Verträgen gebieten, an seiner Seite hintangesetzt, aber an andern bestrafet — und zugleich nicht betrachtet, was Fürsten und Heerführer stets in ihr Herz und Handlungen einprägen sollen: parcere devictis, et debellare superbos! —

§. 91.

Der Kaiser hat durch diese Unthat die Gemüther der Feinde mehr erbitt, hizt, als geschreckt. Denn obschon einige Oerter aus Furcht des nämlichen Unheiles sich ergaben; so war doch auch das innere der Herzen in den Inwohnern ihm weniger ergeben, als man äusserlich zeigte, oder zeigen muste. Einige gaben der Uebermacht aus Klugheit nach, andere kamen selber zuvor. Auf solche Weise muste auch der Bischof Leonardus von Salzburg in einen sauern Apfel beissen. Er ließ nehmlich den Pfälzern, da sie in seiner Nachbarschaft viele Oerter besezt hatten, die nothwendigen Lebensmittel um ihr theures Geld aus dem salzburgischen Gebiet zukommen; und dadurch gerieth er bey dem Kaiser und dem Herzog Albert in einen schweren Verdacht, gleichsam als hätte er die pfälzische Parthey begünstiget. Da er also für sein Land schädliche Folgen besorgte, und die Anlage dazu schon in der Nähe wahrnahm; so begab er sich zu Ihnen, entschuldigte sich, und beruhigte beede mit einer namhaften Summa Geldes.

§. 92.

Traunstein ergab sich ebenfalls, weil die Pfälzer sich nicht mehr halten konnten. Sie marschierten nach Trosperg und Burghausen. Der Kaiser aber ließ Traunstein befestigen. Hierauf wurde Reichenhall umrungen; Georg von Rosenberg, Adam von Törring und Sigmund von Thünchen widersezten sich, bis endlich der Ulrich von Weispriach und Georg von Sensheim mit starker Mannschaft ankamen, und selbes eroberten.

§. 93.

Es schien dem guten Baier-Lande der ganze Untergang sowohl von Freunden als Feinden geschworen zu seyn. Jeder Theil plünderte und brannte, und jeder verfuhr, wie jene Insulaner, welche die schönsten Bäume niederhauen, um die Früchte zu bekommen. Das Dorf Weeg wurde zuerst von den Pfälzern angegriffen, und alles Vieh und alle Geräthschaften geraubt. Die Baiern kamen auf dem Fuß nach, da sie aber kein Geld noch andere Beute mehr antrafen, so legten sie Brandschazungen auf, und als die Inwohner selbe nicht bezahlen konnten, verdarben sie das ganze Dorf mit Feuer. Auf gleiche Weise gieng es darauf dem Dorfe Memming, wo der Kaiser mit seinen Truppen durchpassirte, und ihnen allen erdenklichen Unfug erlaubte. Er reisete von Kufstein nach Etsch. Unterwegs stieg der Muthwille der Seinigen zu einem solchen Grade, daß er selbst die Ordnung nicht mehr herstellen konnte, denn da er es wollte, empörte sich das ganze Corps, und gieng theils mit dem Raub beladen nach Hause, theils aber zu seinen Feinden den Pfälzern über. 2000 Köpfe, sobald sie

N 2

in

in Burghausen angenommen waren, unternahmen selbst wider ihre vorigen Freunde die gefährlichsten, und zugleich thatvollsten Handlungen, indem sie aus der Stadt ausfielen, den ganzen Bezirk bis nach Schärdingen überströmten, Hankirchen plünderten, Junzing verbrannten, Nutich verheerten, und aus dem Städtlein Griesbach im Angesicht des Eigenthümers Sigmund Sigeshofers, alles Vieh entwendeten, die Habschaften, und was sie nicht mit sich bringen konnten, in Stücken zerschmetterten, und das Städtlein selbst mit Feuer vertilgten. Der gesammte Adel in diesem Bezirk bekam Brand-Briefe, und wurde mit der Brandsteuer nach Burghausen berufen. Der schöne Ort Rosenheim, der in dem ganzen Kriege dem Herzog Albert anhieng, litt auf eben diese Art und durch die eignen Freunde. Der Pfleger Penkofer und ein gewisser Recher mit Namen wollten Rosenheim auf die pfälzische Parthey lenken, welches ihnen gewiß geglückt hätte, wenn nicht der Georg von Au für den Herzog Albert sich angenommen, und anfangs den Ort selbst, bald darauf aber das Schloß gewonnen hätte. Da er nun in dem Schloß sich nicht mehr halten konnte, verbrannte er es, um den Ort zu erhalten, weil er wußte, daß der Fürst von Anhalt mit kaiserlichen Truppen zu Hülfe kommen würde.

§. 94.

Der General Wisbeck trat mittlerweile auch mit 6000. Mann auf, und zog aus Landshut und Burghausen die Artillerie und Garnisonen an sich. Man wuste nicht, wohin sein Marsch gerichtet war. Er machte Mine, als wollte er Kufstein angreifen. Man war dort auf Gegenanstalten bedacht — wider Vermuthen traf die Nachricht ein, daß er über die Donau gegangen sey, und Vilshofen belagerte. Es war diese Stadt klein, aber sehr bevölkert; und so befestigt, daß die Pfälzer selbige die eiserne nannten. Zwey Flüsse, die Donau und Vils, welche sie umströmten, erschwerten dem Feind den Zugang. Sie hatte überdas zwey gut befestigte Vorstädte — und selbst starke Mauern — Thürme, Wälle und Gräben. In der Stadt lag eine Garnison von 500 Mann. Die Belagerung wurde unvermerkt in der Nacht angefangen. Die Pfälzer wollten schon die Sturmleitern anlegen, es wurde aber Lärm, die Besatzung wehrte sich, und schlug den Sturm ab. Nun gieng die Bombardirung Tag und Nacht fort. Die zwey Kommandanten Sigmund Schwarzensteiner von Engelburg und Erasmus Schilt stellten die Soldaten und Bürger in zwey Reihen, wovon eine zur Gegenwehre, die andere zu Löschung des Feuers beordert wurde, indem die in die Stadt geworfenen feurigen Kugeln an mehrern Orten zündeten. Die Pfälzer nahmen wirklich die zwey Vorstädte ein,

aber

aber die Bürger warfen Feuer hinein, brannten beede weg, und zwangen die Pfälzer zurück zu weichen. In der Nähe war ein Markt, Plentling genannt, wo die Pfälzer wegen der damaligen starken Kälte sich öfters aufhielten; die Bürger fielen von Vilshofen aus, und zündeten den ganzen Ort an, damit die Pfälzer kein Unterkommen mehr haben sollten; diese hingegen plünderten den Getreid-Kasten des Klosters Atreich, und verbrannten das Gebäude. Es wollte der Bernhart von Stauf bey Regensburg eine Mannschaft sammeln, um der Stadt beyzuspringen. Aber die Pfälzer packten ihn an, zerstäubten die Mannschaft, steckten alle Dörfer in Brand, plünderten den Markt Ortenburg, und erbeuteten alles, was die dortigen Dörfer in der Kapelle Retenhof zur Sicherheit verborgen hatten. Die Stadt Vilshofen war indessen noch immer sehr geängstiget — die Mauern waren sehr zusammen geschossen, und es stund eine Breche von 60 Fuß lang offen. Sie schickte um Sukkurs aus — die kaiserlich- und baierischen Truppen an den Alpen waren zu weit entfernt, und in den Winterquartieren zerstreut. Es machten sich also der Hieronymus von Stauf, Freyherr von Erenfels, der Hauptmann Walther, Ageyer, Sigmund Satelboger, Christoph Flocklender und Matthias Beck mit einem Corps auf, und warfen sich in die Stadt. Ohnerachtet war der Anfall der Pfälzer so stark, daß die Grrnison und Bürgerschaft vom Dienstag bis Freytag ohne Unterlaß unter dem Gewehr stehen musten. Der General von Wisbeck, der die Belagerung stets kommandirte, war kühn und klug, und hatte nebenbey noch andere tapfere Offiziere, besonders den Grafen Wilhelm von Hennenberg, Dietrich Wizleben, Johann von Notthaft und Jobst Prant bey sich. Er selbst war überall der erste in der Arbeit und Gefahr. Er ließ die Sturmleitern anlegen, und war der erste der sie bestieg: aber er wurde mit den Seinen von der Besatzung mit einem Steinhagel übergossen, und zurück getrieben. Das hemmte den Muth der Pfälzer noch nicht: sie wagten einen neuen Sturm, und wollten über den Schutt der Mauern eindringen. Es erhob sich ein blutiges Gefecht, und auf beeden Seiten fielen die Soldaten wie Mücken hin, und endlich muste Wisbeck weichen und von der Stadt abziehen. Er hatte viele Todte, die er zum Theil mit sich fortschleppte, und um den Verlust zu verheimlichen in einem Stadel verbrannte. Endlich kam der Kaiserliche und Herzogliche Sukkurs an, aber zu einer Zeit, da man dieser Hülfe nicht mehr bedurfte. Damit also dieser Heereszug der Alliirten nicht umsonst wäre; wurde Eggenfelden und die ganze Gegend in Besitz genommen.

§. 95.

Man kann sich vorstellen, wie sehr nun der Kaiser sich erzürnet habe, da er sah, daß der pfälzischen Macht, wenn auf einer Seite ein Kopf gestümmelt war, auf einer andern wiederum ein frischer herfür wuchs. Er wiederholte also seinen öfters gefaßten Entschluß, alle Sennen zu spannen, und frische Völker aus seinen Staaten zu berufen. Bey dem Fluß Erlach war der Sammelplatz, allwo der General Reinpert von Reichenberg 3000 zu Fuß, und 700 Mann zu Pferd vereinigte, und nach Baiern führte. Sein erstes Quartier und auch seine erste Greuelthat war in Ried, welches er rein ausgeplündert, und alles, Vieh und Getreid davon geführt hat. In Mauerkirchen ließ er auch nicht einen Stein auf dem andern. Es waren im Ränau viele Bauern versammelt, welche diesem Zug widerstehen wollten, Reichenberg griff selbe an, schlug 150 todt, und jagte die übrigen gegen Braunau zu in die Flucht. Er setzte hierauf über den Inn, und plünderte Pfarrkirchen und den ganzen Bezirk. Die Schärdinger, als sie das hörten, fielen aus gegen Obernberg, und verwüsteten die ganze Nachbarschaft. Da Reichenberg in Pfarrkirchen keinen Burger mehr antraf, indem diese auf die erste Nachricht seiner Ankunft davon flohen; so nahm er die Garnison, die aus 200 Mann bestund, und zwang die tauglichsten unter ihm Dienste zu nehmen, die übrigen aber schickte er fort.

§. 96.

Der Herzog Albert kehrte mit dem Kaiser gegen die Alpen nach Kufstein zurück, gieng nach Lofer und Reichenhall, besichtigte die Salzwerke, verpflichtete die angestellten Beamten, und begab sich nach Kützbühel, welches er mit allem dazu gehörigen sich zuvor schon unterworfen hatte, mußte aber den Ort dem Kaiser, welcher selben für sich behalten wollte, überlassen. Er verfügte sich nachher mit dem Kaiser nach Tyrol auf die Gemsenjagd, und kehrte nach einiger Zeit nach Rotenberg, Auerburg, Altenburg und München zurück, allwo auch der Kaiser bald darauf eintraf. Beede fertigten ein neues Ausschreiben in das dem Herzog Georg vormals untergebene Land aus. Es wurde an alle Bewohner, und besonders an den Adel der schriftliche Auftrag gemacht, daß sie sich unterwerfen und zugleich eine Brandsteuer erlegen sollten. Dem General von Reichenberg wurde die Ausführung dieses wackern Geschäftes übertragen, welches er dann weiters an den gehörigen Orten anbrachte, aber von allen die spöttlichsten Antworten erhielt. Reichenberg mußte auf Befehl des Kaisers den vorigen Auftrag wiederholen, und selben der Fürst Rudolph zu Anhalt, Sigmund Graf von Lupfen, Leonhart Herr von

Vels,

Veis, Georg von Senßheim, und endlich der besagte von Reichenberg selbst
unterschreiben. Diesen Auftrag hielt man für den lezten und dem Lande gefährlichsten Stoß, welcher das noch wenig übrige Herzblut vollends abzapfen
muste, und daher auch der Kerab genannt wurde, weil man glaubte, daß die
Fehde bald ein Ende nehmen werde, indem der Pfalzgraf Friedrich und der
Pfalzgraf Philipp, Bischoff zu Freysing, des verstorbenen Pfalzgrafen Ruperts Brüder, die Friedensunterhandlungen bereits angefangen hatten.

§. 97.

Durch diesen unverantwortlichen Auftrag oder Kerab wurden die Anhänger der pfälzischen Parthey neuerdings in den Harnisch gebracht. Sie
fanden sich dadurch gekränkt, und suchten dagegen Rache und Genugthuung.
Daher drangen sie mit 500 Mann zu Pferd von Landshut aus, streiften bis
Ingolstadt, allwo sie die Donaubrücke wegbrannten, kamen bis Neuburg
und Rain, und zernichteten alles mit Feuer und Schwerd.

§. 98.

Auch der General Reichenberg beschäftigte sich seinen Kerab in Ausübung
zu bringen. Wohin er kam, musten die Leute dem Herzog Albert durch Eid
und Treue betheuern, woran das Herz gewiß nicht dachte, denn wo er hin-
kam, foderte er allezeit die Brandsteuern, und drohte, daß im Weigerungs-
fall die Häuser und alle Habschaften verbrannt werden sollten. Er über-
schwemmte mit seiner Macht das ganze Rotthal und Vilsthal, und verlangte
zu Pfarrkirchen, Eggenfelden und allen dortigen Städten, Märkten und Dörfern Brandschatzung. Die erpreßten Gelder nahmen die kaiserlichen Soldaten und vertheilten selbe unter sich. Die Baierischen murrten darüber, und
gerietheen wirklich in solchen Zorn, daß beynahe ein Aufruhr entstanden wäre,
wenn nicht die Offiziere, und selbst der Herzog Albert sich in das Mittel
geleget hätten.

§. 99.

Während daß die Kaiserlichen im Lande herumwütheten, war wider alles Er-
warten ein pfälzisches Corps in voller Bewegung. Es kreuzte gegen Pfater durch
das Amt Haidau und das Laberthal bis gegen das Kloster Mallersdorf, und
brachte durch Plünderung das ganze Land in Furcht und Bestürzung.
Obschon dieses Corps nahe bey Straubing viele Oerter mißhandelte, so konnten
doch die von dort ausgeschickten Söldaten nichts hindern, weil diese selbst
von

von den Pfälzern zurückgeschlagen, und theils nach Straubing, theils aber nach Vilshofen verjaget worden sind.

§. 100.

Das Glück, so hier den Pfälzern sich günstig erzeigte, drückte sie auf einer andern Seite sehr empfindlich zu Boden, und verursachte ihnen einen sehr großen Schaden. Es lag nehmlich in Burghausen ihr größter und wichtigster Vorrath an Proviant und Munition. Viele Böhmen waren in der Garnison, die anfänglich nur einigen Aufruhr anstifteten, nach ein paar Tagen aber brach ein Feuer aus, wovon die Stadt bis auf 14 Häuser verzehret, und das große Magazin samt dem Zeughaus zerstöhret wurde. Viele Personen fanden ihr Grab unter der Glut, und in dem Spital wurde keine Seele gerettet. Vieles Vieh verbrannte, und es näherte sich die Flamme schon dem großen Schloß, als auf einmal der Mittagwind blies, und selbe vom Schloß abwendete. Die Bürger flüchteten ihre Habschaften auf das freie Feld, allwo ihnen böse Leute und besonders die Böhmen das noch nahmen, was die Flammen geschonet hatten. Man sagte, ein gewisser Soldat Reiber mit Nahmen habe Pulver bey dem Ofen trocknen wollen, welches wegen dessen Unvorsichtigkeit sich entzündet und dieses große Unglück verursachet hätte. Andere aber legten die ganze Schuld auf die Böhmen, welche das Feuer sehr sorglos bewahret hätten. Am folgenden Tag brannte auch noch das nahe gelegene Dorf Memmting ab, welches von den Feinden angezündet worden war.

§. 101.

Bey alle dem behielten die Pfälzer noch immer ihren nehmlichen Muth, solche Fälle waren bei ihnen wie Oel in das Feuer gegossen, das überall die Funken ausspritzt. Es verließen 100 Mann zu Pferd die Stadt Landshut, streiften bis Neuburg an der Donau, von dannen wiederum zurück, und bald darauf wiederum nach Neuburg. Sie schlichen sich in einem Nebel bis an die Thore von Ingolstadt, und jagten der Stadt einen großen Schrecken ein, indem sie vor dem Haderthor einen Wagen mit Stroh anzündeten, und den Bürgern gegen 200 Stück Vieh davon und nach Neuburg trieben. Diesen Schrecken vermehrte noch der Anzug der Wirzburgischen Reiter, und einiger Böhmen, welche von Heydeck her auf Streifereyen begriffen waren, bald aber wiederum nach Heydek zurückkehrten. Auch vergrößerte noch ein anderer Umstand die Furcht. Otto von Heldrit, Jägermeister zu Neuburg, hatte mit der Stadt Ingolstadt schon lange einen Streit

Streit wegen der Jagd in den sogenannten Auen. Es war schon öfters so weit gekommen, daß ein Theil dem andern auf Leib und Leben gieng, ja die Ingolstädter bedroheten dem Heldrit, daß sie ihn in Stücken hauen wollten, wenn sie ihn in ihrem Gebiet antreffen würden. Heldrit führte deswegen schon vormals bey den Landständen zu Aichach die bittersten Klagen, konnte aber keine Hilfe finden. Er wollte nun sein Recht in hoc tempore turbido geltend machen, oder wenigstens sich rächen. Er nahm 40 Mann zu Pferd mit sich, ritt, nach Tölling, hob 14 Bauern auf, und führte sie nach Neuburg. Der Kommandant zu Ingolstadt schickte ihm nach. Allein Heldrit war schon um eine Stunde früher in Neuburg, als die Ingolstädter nach, kamen. Die Pfälzer, von welchen ich kurz zuvor gesagt habe, wendeten sich wiederum von Neuburg nach Landshut durch die sogenannte Hallertau, all, wo sie zwey Dörfer ausplünderten. Von Ingolstadt giengen ebenfalls einige Soldaten auf Beute dahin; beide Theile geriethen aneinander, die Bauern stunden den letztern bey, und von den erstern wurden einige erschossen, und andere verwundet, die übrigen aber flohen nach Landshut zurück. Von Neu, burg und Rain aus trieben die Pfälzer ebenfalls ihre Ausfälle sehr lebhaft. Sie machten in der Nacht nach Hamwerd und Hundszell einen Ausfall, und nahmen sechs Inwohner mit sich nach Neuburg. Von Rain aus überrasch, ten sie ein Dorf bey Grashausen, und plünderten es, sie wurden aber von den Soldaten zu Aichach verfolgt, und neun von ihnen niedergemacht. Sie musten auch ihren Feinden alle Beute zurücklassen. In einem andern Aus, fall erbeuteten sie sechs Wägen mit Wein, die ihnen mehrmal die Soldaten von Aichach abgeflossen, und vier Mann getödtet haben. Zur nämlichen Zeit lauerten die Pfälzer bey der sogenannten langen Brücke auf ihre Feinde. Zu ihrem Unglück begleitete der Ulrich Oberhamer den Sigmund von Rorbach von Aichach nach Ingolstadt, und hatte eine starke Bedeckung bey sich. Als Oberhamer nach Hause reisen wollte, geriethen beede aneinander. Die Pfäl, zer ergriffen die Flucht, Oberhamer verfolgte sie, und nahm den Johann von Pflueg, Georg von Beilberg, Wolfgang Spor, Amer von Heiling samt noch mehrern gefangen und führte sie nach Ingolstadt. Der Georg von Elbing aber und der Jakob Beham retteten sich mit der Flucht. Die Ge, fangenen musten nach einiger Zeit sich in München stellen, wo sie wiederum frey gelassen wurden. Der Johann Graf von Schwarzenberg, ein Offizier des Bischof von Wirzburg strebte ebenfalls den Erwerbungen nach. Als er mit 30 Mann zu Pferd von Freising nach Inderstorf ritt, und allda im Wirthshaus einquartirte, foderten die Bauern von ihm einen Paß, weil er aber keinen andern als den vom Bischof zu Freising an die Kommandant, schaft zu Neuburg hatte, so plünderten ihn die Bauern aus, banden ihn fest, und lieferten ihn nach München. Auch Arbogast von Rotenstein, einer der

O   größten

größten Feinde des Herzog Albert kam in das Gedränge. Da er eben bey Donauwerd vorbey paßirte, fielen die Soldaten auf ihn heraus, er sah keine Rettung, und sprang also in die Donau, und wollte sich durch Schwimmen retten, aber er sank unter und ertrank.

§. 102.

Die Kaiserlichen waren nicht minder feindselig, sie marschirten am 31 Jänner im Jahr 1505. von Eggenfelden nach Vilsbiburg, insgemein Biburg genannt, unter dem Vorwand, selbes nicht sowohl einzunehmen, als vielmehr nur zu sehen, ob es auf eine leichte Weise eingenommen werden könnte. Der kaiserliche General von Reichenberg kommandirte diese Expedition, und schickte einige voraus, um zu erforschen, wie stark die Garnison wäre. Diese trafen zwey vor der Stadt an, welche ihnen den ganzen Zustand der Besatzung und zugleich den Umstand entdeckten, daß der Graf Haug von Montfort, Herr zu Pregenz, und der Graf Ludwig von Löwenstein, Herr zu Scharfenberg, das Kommando hätten. Die Kaiserlichen fanden also keinen Anstand einzudringen; damit aber ihr Vorhaben desto besser von statten gieng, so übergab der von Reichenberg dem Georg von Sensheim das Kommando über 200 Kavalleristen, und schickte ihn nach Biburg. Diese hefteten weiße Kreuze statt den rothen auf die Röcke, um die Biburger zu blenden, als kämen noch mehrere Pfälzer an. Sie schlichen sich bis an das Thor und machten die Wachen nieder, nahmen die Grafen von Montfort und von Löwenstein, den Zdislaw Herrn zu Lippenschenk, den Ebrin, Herrn zu Trautenberg, Hanns Guß, und einen Schenk von Erbach, nebst mehrern Reitern gefangen, und wollten zu plündern anfangen. Die Bürger verschloßen ihre Häuser, und trieben die kaiserlichen Soldaten mit Gewalt zurück. Sensheim gab die Ordre Feuer auszuwerfen, nicht so wohl in der Absicht, um den Ort abzubrennen, als um die Bürger zur Oeffnung der Häuser zu vermögen, allein die Soldaten waren so ausgelassen, daß sie überall Feuer anlegten, und den Ort wegbrannten. Der General von Wisbeck, der von Landshut aus seine Züge im Lande herum machte, war eben damals in der Nachbarschaft. Auf die Nachricht eilte er mit 100 Reitern herbey, und fiel die Kaiserlichen mit größter Lebhaftigkeit an, welche sich ihm zur Gegenwehre stellten. Sensheim wollte es mit dem Wisbeck selbst aufnehmen; er stieß diesen mit seiner Lanze auf die Brust, welche zu Sensheims Unglück zerbrach. Er griff also nach dem Degen, aber Wisbecks Waffenträger versezte ihm einen so tödtlichen Streich, daß er vom Pferde sank, und den Geist aufgab. Sensheims Fall erhizte seine Soldaten so sehr, daß sie wüthend fochten, und auch endlich die Pfälzer zu fliehen zwangen, und bis Geißenhausen verfolgten. Es wurden viele umgebracht, und 60 gefangen.

gen. Wisbeck, dem die Kaiferlichen am meiſten nachſezten, floh ſpornſtreichs
nach Landshut. Die Kaiſerlichen hatten ebenfalls einen ziemlich groſen Ver-
luſt, indem viele getödtet und verwundet worden, und der Ulrich, Großmar-
ſchall des Herzog von Limburg, der von Freuntsberg, der Georg Puchler,
der Wolfgang Dietrich von Haunburg mit mehrern Soldaten in die Gefangenſchaft gerathen ſind. Der Herzog Albert verlangte von dem Kaiſer
die Auslieferung der Gefangenen. Er erhielt ſie auch, und ſchickte ſie nach
München, wo ſie aber wider dieſe Auslieferung proteſtirten, und nicht eher in
die neue Gefangenſchaft einwilligen wollten, als bis ſie von der vorigen
Pflicht entbunden wären. Sie wurden alſo von dem Paul von Lichtenſtein
ihrer erſten Pflicht entledigt, der eben damals wegen dem Waffenſtillſtand
in Freiſing war.

§. 103.

Der Krieg hatte noch kein ganzes Jahr gebauert, und dennoch waren
auf beiden Seiten die Kaſſen ſchon ziemlich erſchöpfet. Nach dem Tod des
Pfalzgrafen Rupert, und der Pfalzgräfin Eliſabeth war die Wirthſchaft in
Landshut nicht die beſte, und der Aufwand ſo groß, daß das häufige Geld
ſchon ſehr geſchmolzen war. Der Kurfürſt Philipp, der zu weit entfernt
war, mußte das Vermögen ſeiner zwey elternloſen Enkel fremden Händen
anvertrauen, worunter es einige gab, die eben die redlichſten nicht waren.
Es war wirklich Geldmangel, und man mußte ſchon das Silbergeſchirr und
den Schmuck angreifen. Die ſo in Landshut das Ruder führten, ſchickten
um 24000 fl. Koſtbarkeiten nach Salzburg, und bald darauf eine beträchtliche Lieferung nach Venedig zum Verkauf. Es wurde Silber und Gold in
die Münze gegeben, und daraus Geld geſchlagen. Auf der goldenen Münze
war auf einer Seite die Mutter Gottes in der Sonne, und auf der andern
drey Schilde, einer mit dem Löwen, der zweite mit den baieriſchen Wecken,
und der dritte unter dieſen beiden mit dem Buchſtaben P. oder Pfalz —
auf der ſilbernen Münze aber waren auf einer Seite zwey kleine Kinder, ſo
die zwey jungen Pfalzgrafen bedeuteten, und dazwiſchen ein Löw, und auf
der andern vier Schilde mit einem Kreuz durchgezogen, wo in zweyen zwey
Löwen, und in den übrigen zwey Schilden die bayriſchen Wecken abgebildet
waren. Dieſe Münzen wurden öffentlich ausgegeben. Der Herzog Albert,
der daraus einen Eingrif in ſeine Landeshoheit ſchloß, und den zwey verwei-
ſten Pfalzgrafen das Münzregale in Baiern ſtreitig machen, und eben dadurch ihren Anhang nach mehr ſchwächen wollte, weil er zugleich ihren Kre-
dit nieder zu drucken glaubte, ließ im ganzen Lande das Verbot verkündi-
gen, vermög welchem er dieſe Münzen gänzlich abwürdigte, und demjenigen,
die ſolche Gelder einnehmen würden, die ſchwereſte Strafe und Ungnade drohte.

O 2   §. 104.

§. 104.

Der Herzog Albert war nicht weniger in der Klemme. Seine Baarschaft gieng, wie der leichte Thau weg. Die Brandschatzungen und die Beute, die er erpreßte, mußte er meistens den kaiserlichen Soldaten und Allirten überlaßen, um sie zu erhalten, und das allermeiste davon nahm der Kaiser selbst. Die Erträgniße der eroberten Herrschaften waren von keiner Dauer und Wichtigkeit, weil er von den Pfälzern fast allezeit in dem nämlichen Augenblick, oder gewiß bald darauf verdrängt worden ist. Von mehrern nahm der Kaiser schon vorläufig die Einkünften zum Ersatz seiner Mühe und Kriegskosten, und die Allirten folgten dem nämlichen Beyspiel des Oberhauptes, und rasten immer sogleich die Gefälle von demjenigen, was sie besetzten, an sich. Der Landgraf von Hessen betrug sich in den eroberten Herrschaften wie der rechtmäßige Landesfürst, und usurpirte selbe nach seinem Belieben. Der Herzog von Wirtemberg griff nicht nur nach den Einkünften der in der Rheinpfalz okkupirten Länder, sondern auch nach denen, die er in Baiern okkupiren half. Die Nürnberger ließen von allen Aemtern und Gütern, die sie in Besitz genommen hatten, weder dem Kaiser noch dem Herzog Albert das mindeste ausfolgen, sondern zogen alle Nutzungen in ihre Kassa. Und so machten es alle Bundesverwandten. Der Herzog Albert mußte noch überdas schon während der Unruhen seine Allirten mit Geld und liegenden Gütern regaliren, von welch letztern er also keine Erträgniße mehr erheben durfte. Im Gedränge mußte er sogar seine eigenen Unterthanen, um sie enger an sich zu schließen, mit vielen Freiheiten überhäufen, wodurch er seine Einkünfte sehr geschmälert hat. Er hatte zwar starke Prätensionen auf wichtige Herrschaften und Länder, aber er hatte auch viele Allirte, die selbe in seinem Namen eroberten, und im eignen Namen — behielten und benützten. Er hatte also in der That nur solche Freunde, die sich reich und ihn arm machten: und welchen er doch noch dafür danken mußte, daß sie ihm nach dem Krieg beinahe weniger übrig ließen, als er vor demselben schon wirklich besessen hatte. Die Schulden nicht dazu gerechnet, die ihm ganz allein zu Last fielen. Da nun alle Quellen versieget hatten, mußte er seine Zuflucht zu den Landständen nehmen, und die erforderlichen Summen borgen. Einige Stände erlegten das angesetzte Geld-Quantum — andere zögerten, und wieder andere erlegten gar nichts. Er mußte der Landschaft einen Schuldbrief ausstellen, und sich verbindlich machen, daß er nicht nur nach geendigtem Krieg die Bezahlung leisten, und durch Anlagen im ganzen Lande bestritten — das ist, nach dem Krieg noch seine Unterthanen bekriegen — sondern auch der Landschaft alle ihre Freiheiten bestättigen wolle.

§. 105.

§. 105.

Der Kurfürst Philipp von der Pfalz litt am meisten — es lag ihm der Todesfall seines Sohnes des Pfalzgrafen Rupert, und der Pfalzgräfin Elisabeth, dann das Schicksal seiner zwey Enkel unendlich am Herzen, und sein eignes Geschick drückte ihn so sehr, daß er das große Unglück und die Verheerungen seiner Staaten kaum mehr aushalten konnte, da er doch vor dem Krieg einer der reichsten und mächtigsten Fürsten war, und in seinen blühenden Ländern ein wahres Elysium besaß. Nun aber wütheten der Herzog von Wirtemberg und der Landgraf von Hessen bis nach Heidelberg, und kehrten in seinen Staaten alles unter und über sich. Der Kaiser fraß im Elsaß wie ein bösartiger Krebs bis in das tieffste Eingeweide seiner Länder, und würde noch weiter um sich gegriffen haben, wenn nicht der Marggraf von Baaden dazwischen gekommen wäre. Der Kurfürst, der auf die Hilfe der Krone von Frankreich, welche den Krieg am meisten angeblasen hatte, anfänglich rechnete, fand selbe auch in diesem Fall so treulos, als sie sich gegen ihn schon vormals bezeiget hatte. Von dem König von Böhmen, auf den er noch mehr vertraute, erhielt er ebenfalls keine Hilfe, weil dieser den ganzen Krieg hindurch keinen Schritt für ihn gethan hatte, das aber, was die böhmischen Edelleute thaten, hundertfach bezahlet werden mußte.

§. 106.

Diese harte Lage des Kurfürsten drang auch deßen Sohn dem Pfalzgrafen Philipp, Bischof zu Freising, also zu Gemüth, daß er schon zuvor mit seinem Bruder dem Pfalzgrafen Friedrich zum Frieden Anstalt machte, aber wegen der von den Pfälzern unternommenen Belagerung der Stadt Vilshoven, wodurch der Kaiser neuerdings in den Harnisch gebracht wurde, nichts ausrichten konnte. Der Marggraf von Baaden war einer der ersten, der zum Frieden die Hand both, und den Kaiser dazu vorbereitete, welcher auch schon ziemlich dazu gestimmet war, so, daß er dem Marggrafen ohne Wißen und Willen des Herzog Alberts die Unterhandlungen gestattete, der auch den Kaiser und den Kurfürsten schon beinahe versöhnte. Aber da der Kaiser dem ohnerachtet noch immer seine alten Maximen beybehielt, und während dem, daß der Marggraf von Baaden Frieden_unterhandler war, auf Feindseligkeiten ausgieng, so wagten es die zwey Brüder des verstorbenen Pfalzgrafen Rupert, die obenbesagten Pfalzgrafen Philipp und Friedrich zum Kaiser sich zu begeben, und persönlich vom Frieden zu sprechen. Der Pfalzgraf Friedrich redete ihn in einem Ton an, der seiner Herzhaftigkeit und Freimüthigkeit in den folgenden Ausdrücken ganz entsprach: „Daß ich und mein

O 3

mein Bruder, der Bischof von Freising, anhero uns verfügen, werden Euer
Kaiserliche Majestät nicht bewundern. Warum wir aber unsre Bitten vor-
tragen, das hat Euer Kaiserl. Maj. das Glück und Ihr Betragen veran-
laſſet. Denn Euer K. M. haben Ihrem Schwager zu Gefallen unſern Vater
den friedfertigſten Fürſten und Kurfürſten des Reichs mit einem ſchädlichen
Krieg überzogen — Ihn, da er die Gerechtigkeit anſuchte, verurtheilet und
alle ihre Kräfte ja die Macht des ganzen Reiches zu ſeinem Untergang auf-
boten. — Nun das Glück hat Ihre Schritte begünſtiget — Sie haben
unſern Vater und das Pfälzer-Land mit Niederlagen erfüllet — Städte
und unzählige Dörfer und Fluren mit Feuer und Schwerd verheeret —
ein unglückliches aber auch unſchuldiges Volk mit den Waffen und Hunger
zu Grunde gerichtet — es rauchen noch die traurigen Ruinen der Städte —
die Felder vom Ackersmann verlaſſen liegen unter der Verödung. — Wie
hat dieſes unſer Haus verſchuldet, welches allezeit für das Haus Oeſterreich —
öfters mit eigenem Schaden ſehr gefällig war? — wer hat den Sigismund —
wer den Friederich — wer Sie ſelbſt zum Kaiſer-Throne befördert als die
Pfalzgrafen? — Haben nicht dieſe Ihr Haus mit Wohlthaten überhäu-
fet? — was aber war die Urſache, daß Sie unſern Vater mit Krieg
überzogen, als weil Ihnen (die Noth zwingt mich zum Reden) der blü-
hende Zuſtand unſres Hauſes gefährlich ſchien? — daher Sie Anlaß nahmen und die gewünſchte Gelegenheit ergriffen, ſelbſt zu entkräften und arm
zu machen. — Aber bedenken E. K. M. wen Sie erheben, und wen Sie
dadurch erniedrigen — damit es Ihnen nicht ergehe, wie dem Schmied,
der die Feſſel ſelbſt tragen muſte, die er für andere geſchmiedet hatte! —
Wir kommen jezt um Friede zu bitten — um Gerechtigkeit anzurufen —
ich zwar als rechtmäßiger Vormund der Waiſen in Perſon — dieſe aber
durch ihr Winſeln in der Wiege. — Stellen Sie die Ruhe her, oder gön-
nen Sie doch wenigſt ſolang eine Pauſe, bis daß ſie was anders beſchlieſſen ꝛc. —

§. 107.

Unterdeſſen kamen andere Ereigniſſe dazwiſchen, welche den Kaiſer ſelbſt
wünſchen lieſſen, daß der Friede bald hergeſtellet werden möchte, indem er
Feindſeligkeiten von den Schweizern beſorgte, und ſein Sohn den Krieg
wider Spanien und Neapel führen muſte. Er befürchtete auch in Ungarn
Unruhen, weil der König ſehr krank lag, mithin er der Kaiſer für ſein eigenes Haus wachen muſte. Dahero rufte er den Herzog Albert nach Inſbruk,
ſtellte ihm dieſe Umſtände vor, und brachte ihm Friedens-Gedanken bey.
Der Pfalzgraf Ludwig — auch ein Bruder des verſtorbenen Pfalzgrafen
Rupert, legte ſich ebenfalls ins Mittel. Er war mit Herzog Alberts Tochter

ter der Herzoginn Sidonia, die aber im Jahr 1505. noch vor der Trauung
starb, versprochen gewesen, und heurathete nachher ihre Schwester die Herzoginn Sybilla. Ludwig wendete diesen Umstand und die damals schon
nahe Verbindung mit Albert an um seinen künftigen Schwieger-Vater
sowohl als seinen eigenen Vater den Kurfürst Philipp vom Kriege abzu-
bringen. Dem Kurfürsten lagen auch der Erzbischof von Trier und der
Bischof von Würzburg stets in den Ohren, und auf Seiten des Kaisers
und des Herzogs Albert beförderten das Friedensgeschäft die Bischöffe von
Salzburg, Eychstätt und Passau. Die Land-Stände kamen ebenfalls in
München zusammen, und arbeiteten daran, die Ruhe herzustellen. Es wurden von allen Orten Deputirte gewählet. Die Wahl traf die Aebte Heinrich von Tegernsee — Kilian von Niederaltaich — Georg von Oberaltaich,
den Probst Leonhart von Scheftlarn, dann den deutschen Ordens-Kommenthur zu Blumenthal, Johann Adelmann, den Bernhart von Stauf,
Freyherrn von Erenfels, den Sigmund von Korbach des Kaisers und des
Reichs Pfleger zu Regensburg, den Wolfgang von Aham in Wildenau,
den Johann von Peffenhausen in Reichartshofen, den Erasmus von Seyboltstorf, den Wilhelm von Haßlang in Ried, den Johann Paulstorf in
Kürn, den Heinrich Ebran in Scherneck, den Kaspar Thor in Eyraspurg,
den Hieronimus von Seyboltstorf in Schenkenau, den Ambrosius von
Freyberg in Kammerberg, den Ulrich Ramung in Ranneck, den Bartholomäus Schrenk Deputirten in München, den Veit Peringer Deputirten von
Ingolstadt, und andere Deputirte als den Wolfgang Schmidl von Straubing, den Wolfgang Lorenz von Landsperg, den Anton Chardinger von
Vilshofen, den Georg Steinhauf von Reichenhall, und den Ulrich Finster-
nach von Hechstätten, welche insgesamt müde von den erstandenen Drangsalen das Ende des Krieges wünschten und anriethen.

§. 108.

Diese Vermittelungen haben endlich die Herzoge Albert und Wolfgang bewogen, daß sie dem Kurfürsten Philipp die Vormundschaft seiner
zwey Elternlosen Waisen zu übernehmen, und Ihnen die Gerechtsamen
auszuführen bewilligten, wider die sie sich vormals so sehr gestemmet hatten.
Der Marggraf von Baaden durch Beyhülfe seines Kanzlers Nikolaus Zieg-
ler, brachte endlich die Sache zu einem Waffenstillstand bis Georgi mit
der Bedingniß, daß der Kurfürst Philipp die Bischöffe zu Bamberg und
Würzburg als Bürgen stellen, und auf dem nächsten Reichstage einen Re-
vers ausfertigen solle, daß er alles, was der Kaiser verhandeln würde, als
gültig erkennen und zur Vollstreckung gelangen lassen wolle. Es wurde
dem

dem Kurfürsten beswegen diese harte Bedingniß gesezt, weil er noch immer auf diejenigen Herrschaften, worunter auch Ingolstadt begriffen war, antrug, die vormals schon zu Augsburg und Aichach von dem Pfalzgrafen Rupert gefodert worden waren. Denn als die Land-Stände von diesem Vorhaben des Kurfürsten Nachricht erhielten; schickten sie den Johann Adelmann, Wolfgang von Ohann, Hanns Paullstorfer, Sigmund von Rorbach, Erasmus von Seyboltstorf, Bartholomäus Schrenk, Ludwig von Sennen, Veit Peninger und Peter Baumgartner zu dem Herzog Albert, und bewirkten die obenangemerkte Bedingniß, vermög welcher der Kurfürst also gebunden werden sollte, daß er alles annehmen muste, was wegen Ingolstadt ausgesprochen wurde. Die beeden Herzoge Albert und Wolfgang legten demnach auch ihre Ansprüche dem Kaiser zur Entscheidung in die Hände, doch so, daß die zwey Söhne des Pfalzgrafen Rupert in den fürstlichen Stand wieder eingesezt, und auch mit einem Lande bedacht werden sollten, worauf dann der Kaiser den obenbesagten Pfalzgrafen Friedrich als Vormund der zwey Pfalzgräflichen Waisen aufstellte. Der Herzog Albert schrieb demnach selbst den Stillstand bis Georgi im Lande aus, und verordnete, daß dem Vormund und Pfalzgraf Friedrich nur so viel als er zum täglichen Gebrauch hätte, aus dem Lande auf Pferden und nicht auf Wägen zugeführt, auf der Donau aber von Ingolstadt her keine mit Waaren beladene Schiffe zu schicken gestattet werden solle, woburch man Ihm also die Kommunikation mit Neuburg und Rain sperren wollte.

§. 109.

Nun war zwar die Vorbereitung zum Frieden gemacht; aber noch nicht die Ruhe im Lande hergestellet. Sobald von dem Frieden die Rede war, trennten sich von des General Reichenbergs Armee mehrere Alliirte, und zogen nach Haus. Auch die Fränkischen Reiter mit ihren Offizieren nämlich der Konrad von Künsperg, Johann von Thann, Friedrich von Redwitz, Ulrich von Rusenbach, Wilhelm von Wisenthau, Georg von Künsperg, Wolfgang von Schaumburg, Johann von Eglofstein, Andreas von Stüber, Georg und Philipp von Truchseß, Philipp von Eberstein, und Kaspar Roder traten von der Pfalzgräflichen Parthey ab, und verliessen das Land. Die Böhmen waren bereits auch auf dem Marsch; denn sobald sie sahen, daß die Sache keinen guten Ausgang nehmen dürfte; so verlangten sie von dem Kaiser einen Paß, den er ihnen auch herzlich gerne ausstellte. Bald darauf nahmen die Grafen von Leuchtenberg und von Hennenberg den Abschied, welchen viele andere vom Adel nachfolgten.

Die

Die Kaiserlichen machten sich ebenfalls zur Reise nach Oestreich auf, und endigten mit eben so unrühmlichen Thaten, als sie angefangen hatten; indem sie die Leute auf den Straßen angriffen, banden, ihnen die Gelder abnahmen, in den Oertern, wo sie durchreisten, Gelder und Lebensmittel forderten, und mit Gewalt erpreßten, was sie in Güte nicht erhalten konnten.

§. 110.

Der Pfalzgraf Friedrich war beym Abzug seiner Alliirten sehr in der Klemme, indem er besorgte, er könnte sich in Landshut nicht mehr schützen, weil die Burgerschaft aus Mistrauen hinlänglicher Vertheidigung beynahe einen Aufruhr erwecket, und dem Herzog Albert sich unterworfen hatte. Er muste also alle Beredsamkeit anwenden, um den Bürgern andere Gedanken einzuflösen. Er versicherte ihnen die nahe Ankunft neuer Hülfsvölker, und zeigte ihnen die Plane zur Vertheidigung. Besonders machte er ihnen begreiflich, daß er seine alten Plane noch nicht aufgegeben habe, und die Ansprüche seiner Pflege-Söhne nicht so gerade hin fahren zu lassen, sondern vielmehr sie mit allen Kräften durchzusetzen gedenke. Dadurch wurde die Ruhe so ziemlich hergestellet. Hierauf schrieb der Pfalzgraf, um seinen Worten Kraft zu geben, an den Magistrat und die Gemeinde zu Ingolstadt, wiederholte alle vorigen Gründe des Rechts, des Testaments, der natürlichen Erbfolge u. s. w. und begehrte eine Rüstung nach Landshut. Man sah diese Auffoderung als einen neuen Versuch den Krieg fortzusetzen an, weil selbe auch an andere Städte und Land-Stände in den nämlichen Ausdrücken erlassen worden war. Die Auffoderungen des Pfalzgrafen wurden an den Herzogen Albert geschickt, der überall das schärffste Verboth dagegen ausfertigte.

§. 111.

Während dem ruckten die Pfälzer von Braunau aus gegen das Kloster Fürstenzell, und beschäftigten sich um und um mit Plünderungen. Denn weil der Herzog Albert die Zusuht der Viktualien durch sein Verbot sehr eingeschränket hatte; so trachtete man mit Gewalt selbe von dem Lande zu erpressen, woraus viele blutige Auftritte entstunden. Die Braunauer nahmen auch wirklich Wägen mit Wein weg — die Schärdinger aber eilten den Fuhrleuten zu Hülfe, eroberten die Beute, und führten drey Soldaten gefangen nach Schärdingen. Zu Ebenhausen erbeuteten die Pfälzer ebenfalls 6 Wägen und drey Karren... Die Ingolstädter fielen dagegen aus, und führten die Beutenmacher sammt der Beute in die Stadt. In eben dieser

dieser Zeit wurde der General von Rosenberg von den Kaiserlichen von Neuburg aus fortgeschafft, und als ein Friedens-Stöhrer mit einer Bleykugel bezeichnet aus dem Lande geführt; wo er denn bald darauf starb. Die Pfälzer machten mehrmal zu Reichartshofen einen Angriff auf eilf Wägen mit Wein, wurden
aber wieder von der Garnison zu Ingolstadt überfallen, und einige von ihnen getödtet, und die übrigen davon gejagt. Der öfters besagte Löselholz, der mit seinen
Streifereyen das Land beunruhigte, wurde in diesem Zeitpunkt auch überfallen. Er hatte viele Feinde besonders vom Adel, die an dessen Gewaltthaten sich noch wohl erinnerten. Sie gewannen also einige Soldaten des
Grafen von Helfenstein, der eigentlich Pfleger zu Abensperg war, und dessen Stelle der Löselholz im Krieg versah. Die Soldaten verstellten sich,
als wenn sie ihn nicht kennten, behandelten ihn feindlich und schlugen ihn
fast todt. Die Pfälzer nahmen Rayenhofen mit Gewalt ein, und erschossen einen Mann. Herzog Alberts Soldaten säumten ebenfalls nicht Feindseligkeiten auszuüben, und es hatte das Ansehen, daß neue Fehden entstehen
möchten, die dem Gang des Friedensgeschäftes sehr hinderlich seyn könnten.

Der Kaiser befahl demnach den Herzogen Albert und Wolfgang, daß
sie das Verboth wegen der Viktualien-Lieferung, als den größten Stein
des Anstoßes aufheben, und freye Zufuhr gestatten sollten, und den nämlichen Auftrag fertigte er auch allen Reichs-Ständen und Unterthanen aus,
und hob dadurch die vormals erkannte Reichsacht ipso facto auf. Der
Herzog Albert fügte sich diesem Auftrag, und stellte zugleich das wechsel-
weise Gewerbe zwischen beeden Theilen wiederum her, wozu auch alle Beamte
angewiesen wurden.

§. 112.

Die Unterhandlungen werden zu Köln angefangen und zu Kostniz vollendet, sofort der Friede hergestellet.

Hierauf schrieb der Kaiser eine Zusammenkunft nach Köln aus, allwo
zwischen den Theilen entschieden werden sollte. Die Herzoge Albert und
Wolfgang riefen die Land-Stände zu sich, und entdeckten ihnen ihre Anliegen und Bedenken, die bey dem bevorstehenden Kongreß in Betracht gezogen werden sollten, und nahmen die Maasregeln, die man deswegen zu
nehmen nothwendig finden möchte. Nachdem alle Umstände genau erwogen
worden waren, die Herzoge aber selbst in Person nach Köln sich nicht begeben wollten; so gaben sie dem Ulrich von Westerstetten, Demherrn zu
Augs-

Augsburg — Sigmund von Rorbach, Johann Abelmann, Johann von Paullstorf, dem Doktor Peter Baumgartner, Ludwig von Sennen, Bartholomäus von Schrenk und Veit Peringer die Vollmachten, worinn unter andern enthalten war: daß die Entscheidung noch vor Georgi erlassen, und Ingolstadt dem Herzog Albert zugetheilet werden sollte.

§. 113.

Es kamen demnach in Köln folgende Personen zusammen: die zwey Erzbischöffe Hermann von Köln und Jakob von Trier, der Kurfürst Philipp von der Pfalz, die Bischöffe Laurentius von Würzburg, Georgius von Bamberg, Konradus von Münster, Christophorus von Chiemsee, Petrus von Trient, Christophorus von Laibach, Matthäus von Gurk, der Kurfürst Friedrich von Sachsen, Joachim Marggraf von Baaden, Friedrich Marggraf zu Brandenburg, Johann Herzog von Sachsen, der Herzog Heinrich von Braunschweig mit seinen Söhnen Heinrich und Erich, der Herzog Heinrich zu Lauenburg, der Herzog Wilhelm zu Gülch und Berg, der Herzog Heinrich zu Mecklenburg, Ludwig Pfalzgraf am Rhein Kurfürst Philipps erstgebohrner Sohn, Adolph Graf von Nassau Wisbaden, Friedrich Graf von Zollern, Philipp Graf von Waldeck, Wilhelm Landgraf zu Hessen, Emicho Graf von Leiningen, Johann Graf von Holstein und Schauenburg, Reinhart Graf von Feineck, Sigismund Graf von Lupfen, Felix Graf von Werdenberg, Christoph Herr in Lunberg, Leonhart von Frauenberg Freyherr zu Hag, Gerlach Bischoff in Risburg, Mathäus Administrator des Stifts Gurk und Probst zu Augsburg, Christoph von Schrovenstein Koadiutor in Brixen, dann die kaiserlichen Räthe, welche in der Sache arbeiten mußten, als: Paul von Lichtenstein kaiserl. Marschal, Cyprian von Serentein kaiserl. Kanzler, Wolfgang von Zülnhart Domdechant zu Augsburg, Sigmund Pflug, Erasmus Toppler, Wilhelm von Wolffstein und Walthau, Walther Wolfgang von Wolffsthal, Heringfries, Heinrich Hayden, Valentin von Dürkheim Kammerprokurator, Johann Scheidbeck Doktor der Rechten, und endlich Wilhelm von Pappenheim Reichsmarschal. Es waren auch die Abgeordneten der Städte Frankfurt, Lübeck, Augsburg, Straßburg und Nürnberg, und noch mehrere Grafen, Freyherrn, Ritter und andere Personen von Adel und Ansehen gegenwärtig.

§. 114.

Der Kaiser selbst zog in grosser Pracht ein, und machte, nachdem die

Vollmachten der Herzoge Albert und Wolfgang, dann des Pfalzgrafen Friedrich abgelesen waren, den Vortrag zu dem Friedens-Geschäft. Es war bey der ganzen mit dem Kaiser und den zwey Herzogen geschloßnen Allianz auf Pfalz-Baierische Erwerbungen angesehn, und keiner war, der nur einen Fuß beweget hätte, der nicht auch im Trüben fischen, und entweder zur Entschädigung Etwas erhaschen, oder das bereits erhaschte sich zu eignen wollte. Dem Kurfürsten von Sachsen gieng endlich das Licht auf, da er die Absichten aller dieser Erwerbungs-Kompetenten, und an deren Spitze den Kaiser selbst sah. Er bedachte, aber freylich zu spät, das grausame Schicksal des Kurfürsten Philipp, der mit dem Haus Sachsen von jeher enge verbunden war, und dessen Drangsale alle Kurfürsten rühren und sie aufmerksam machen sollten. Er wollte nun nicht mehr gleichgültig ansehen, daß das uralte Stamm-Vermögen seines Verwandten, und des mit Ihm durch viele Bündnisse vereinigten Kurfürsten so schlechterdings zerrissen, und ein so ansehnlich fürstliches Haus so arg behandelt werden sollte. Damit er aber sein Anliegen nicht offenbar an den Tag legte; so ließ er statt der Zunge seine Handlung reden — er führte den Kurfürst Philipp zum Kaiser, und trachtete beede mit einander auszusöhnen. Aber diesen Auftritt nahm der unversöhnliche Kaiser mit einer solchen Miene auf, daß der Kurfürst Friedrich von Sachsen den Unwillen daraus deutlich lesen konnte; worauf er sich nicht getraute, seine bona officia weiters wirksam zu machen, sondern es gleichwohl geschehen ließ, was der Kaiser und der ganze Schwarm der Kompetenten ausführen, und dem gedrängten Kurfürst Philipp vi et facto abzwacken wollten. Der einzige Marggraf von Baaden hat dabey reine Hände gehalten, und obschon er von einigen zur Prätension aufgefordert worden ist, und ihm vorgestellt wurde, daß es nunmehro Zeit seye das, was sein Vater Karl in den Mainzischen Streitigkeiten durch den Kurfürst Friedrich den Siegreichen verlohren hätte, zu rekuperiren; so hat er doch mit einer Stimme, die nur grossen Männern eigen ist, und die zu selbiger Zeit niemanden als Ihm allein eigen war, geantwortet: Ehr und Eid gilt bey mir mehr als Land und Leut. Mein Vater hat dem Kurfürst Friedrich das Wort gegeben, das auch ich nicht verletzen werde.

Es mengte sich ein anderer Streit ein, den der Abt Makarius von Limpurg wider den Graf Emich von Leiningen erreget hatte, indem der Abt die Entschädigung des abgebrannten Klosters foderte. — Der Kaiser wies ihn an den Erzbischoff zu Mainz, welchen er diese Verhandlung übertrug, weil er selbst wegen anderer dringenden Ursachen selben nicht entscheiden konnte.

§. 115.

§. 115.

Der Kaiser entschied demnach über die auf die Länder des Herzog Georg des Reichen gemachten Ansprüche, und publizirte den Machtspruch den 30 Julius im Jahr 1505.

Der Eingang dieses Urtheils enthielt eine kurze Erzählung des streitigen Gegenstandes, und zugleich, daß der Pfalzgraf Friedrich als Vormund der zwey Pfalzgraf Rupertischen Waisen, Otto Heinrich und Philipp aufgestellet worden, dann daß die zwey Herzoge Albert und Wolfgang auf ihn den Kaiser kompromittiret, und auch der besagte Vormund die Entscheidung ihm überlassen hätten, welchemnach folgender massen gesprochen wurde.

1.) Solle aller Streit aufgehoben seyn. 2.) Dem Pfalzgrafen wird die Stadt und das Schloß Neuburg an der Donau, und alles, was der Herzog Georg über der Donau, mit Ausschluß der Stadt Ingolstadt besessen hat, eingeraumet, welches so groß seyn soll, daß die Erträgnisse jährlich 20000 fl. ausmachen. Was davon abgeht, soll der Herzog Albert von andern Ländern des jenseits der Donau auf dem Nordgau gelegenen Landes des Herzog Georgs dazu thun, so viel nämlich zu 4000 Goldgulden jährlichen Einkommens nothwendig ist; und wenn besagte Länder über der Donau nicht dazu hinlänglich wären, so soll der Kaiser das Supplement aus den übrigen Ländern des Herzog Albert bestimmen. 3.) Ueber diese 20000 fl. sollen dem Pfalzgrafen Friedrich als Vormund noch weiter 4000 fl. unter dem nehmlichen Innhalt gegeben werden. 4.) Die übrigen Herrschaften des Herzog Georg fallen den Herzogen Albert und Wolfgang zu. 5.) Die Baarschaften, Mobilien, Juwelen und Kostbarkeiten, die in den Schlössern Burghausen und Landshut waren, verbleiben den pfalzgräflichen Kindern, ausgenommen was ad apparatum sacrum gehört, und ein gemeiner Hausrath ist. 6.) Alle derley Sachen, so sich an andern Orten befinden, bleiben, wo sie sind. 7) Das Getreid, die Artillerie und Munition werden unter den beeden Theilen der Billigkeit nach getheilet, ausser was zur Vertheidigung und Unterhaltung eines jeden Orts an Mund- und Kriegsprovision gewidmet ist, welches bleibt, wo es ist. 8.) Die Schulden, so jeder Theil nach dem Tod des Herzog Georg gemacht hat, bezahlt jeder von dem seinen. 9.) In Betref der Aktivund Passiv-Schulden, die noch vom Herzog Georg herkommen, wird es also gehalten, daß die Herzoge Albert und Wolfgang die hypothekarischen, die pfalzgräflichen Kinder hingegen die übrigen übernehmen 9.) Der Pfalzgraf Friedrich solle alles, was ihm von der Erbschaft zukommt, im Namen seiner Pflegsöhne vom Kaiser und Reich zu Lehen empfangen, ausser er beweiset,

weiſet, daß etwas darunter Allodial oder, anders wohin lehenbar iſt. 10.)
Die Archive, Urkunden und Papiere werden jedem eingehändiget, zu deſſen
Landesantheil ſie gehören. 11.) Es werden alle Mißhandlungen der Unterthanen aufgehoben, eine allgemeine Amneſtie kund gemacht, und alle Freiheiten beſtättiget. 12.) Dem Pfalzgrafen Friederich werden vor Michaelis die
folgenden Güter, als Neuburg Schloß und Stadt, Reichartshofen Schloß,
Lauingen Schloß und Stadt, Gundelfingen Schloß und Stadt, Heydeck
Schloß und Stadt, Sulzbach Stadt, Lengenfeld Schloß und Markt, Velburg Schloß und Stadt, Hemmau Schloß und Stadt, Kalmünz Schloß
und Markt, Weiden Stadt, mit allen Zugehörungen eingeräumet. Das
übrige wird den Herzogen Albert und Wolfgang, ſobald dieſe Oerter geräu-
met ſind, übergeben. 13.) Die Schätzung der Ertägniß wird zeitlich vorgenommen und vor Georgi geendet. 14.) Bis die Uebergabe geſchehen iſt,
behält der Pfalzgraf Friederich Waſſerburg, Traunſtein, Walda, Traſpurg,
Mermoſen, Marquartſtein und Kling als ein Unterpfand. 15.) Zur Schätzung und Theilung ſtellt jeder Theil drey Schiedsrichter, zu welchen der Kaiſer, wenn ſie nicht einig ſind, den vierten ſetzt. 16.) Dem Kaiſer wird die
Deklaration über alle Punkte vorbehalten, die Exekution aber ſoll dadurch
nicht gehindert werden. 17.) Aller Bann und Reichsachts-Erklärung iſt aufgehoben. 18.) Dem Kaiſer wird das Intereſſe über die Güter des Herzog
Georg, und was er davon veräußert hat, in ſalvo gelaſſen. 19.) Die nämliche Beſchaffenheit hat es auch wegen dem, was man des Herzog Georgs
Tochter der Herzogin Margaretha im Kloſter alten Hochenau annoch ſchuldig iſt. 20.) Dieſes Laudum verbleibt ungeändert, 21.) und wer dagegen
handelt, wird um eine Million Goldes geſtraft.

§. 116.

Nachdem dieſes Laudum publiziret war, giengen der Kaiſer und alle in
Köln verſammelte Fürſten und andere ab; der Kaiſer aber befahl die Be-
folgung deſſelben allen Landſtänden, Beamten und Unterthanen in Baiern
unterm 20ſten Auguſt des nämlichen 1505ten Jahres, und ſtellte als Exeku-
torn den Johann Graf von Truchſeß, Freiherrn von Waldburg, und den
Bernhard von Scherfenberg auf, welche nach Freiſing ſich begeben, und nach
der gegebenen Vorſchrift ſich verſtehen mußten. Es wurden demnach beide
Theile auf den Kreuzerhöhungstage dahin berufen, wozu der Herzog Albert
den Doktor Dietrich von Pfenningen, den Kaſpar Winzerer, Pfleger zu Tölz,
den Hanns Rißhammer, Hauptzöllner zu München, und den Ludwig von
Sennen, Herzog Wolfgangs Sekretär abordnete. Der Pfalzgraf Friederich
aber ſchickte den Ludwig von Habſperg, Albrecht Notthaft, und David von
Nus-

Nusdorf, welche mit keiner Vollmacht versehen waren, sondern nur mit einer Entschuldigung auftratten, und auch nicht beredet werden konnten, sich
in etwas Wesentliches einzulassen, oder wegen der persönlichen Erscheinung
des Pfalzgrafen sich zu äußern. Es fertigten demnach die Kommissarien
mehrere Bedrohungen und Mandate aus, wodurch es geschahe, daß der vor-
gesteckte Termin ausfloß, und der Tag zur Exekution bis auf das St. Martinsfest gesetzet werden muste. Es entstund hiebey eine neue Frage wegen
des Getreides, das der Pfalzgraf Friederich indessen veräußert hatte. Es
folgten neue Mandate und Zitationen nach, worauf endlich der besagte Pfalzgraf erschienen ist, der auch nachhin den Ludwig von Habsperg, Adam von
Törring, und Ulrich von Alberstorfer als Anwälde geschickt hat, welche gleich
beym Anfang der Kommission einen Zweifel aufwarfen und behaupteten, daß
von Seiten des Herzog Albert die Exekution angefangen werden müste, welchen aber dieser antwortete, daß selbe bey beeden Theilen zugleich einzuschlagen
wäre. Ueber diese Kontrovers wurden mehrere Tage zugebracht, endlich benannte jeder Theil die drey Schätzmänner, zugleich aber schrieben die Kommissarien die Art vor, wie die Uebergaben vor dem St. Martinsfest geschehen, die Unterthanen von der Pflicht entlassen, und die Urkunden ausgeliefert
werden müsten. Die Anwälde der Herzoge Albert und Wolfgang nahmen
diese Vorschrift an; aber die des Pfalzgrafen Friedrich erwiederten, daß ihnen das nicht möglich sey, weil die Schätzung und Theilung zugleich geschehen
müste. Dieser Umstand machte das ganze Geschäft stocken. Nun kam der
Herzog Albert auf den Gedanken, daß man alle Akten dem Kaiser zuschicken
solle, welches auch der Pfalzgraf Friederich bewilligte, mit der Verwahrung,
daß es an ihm nicht mangle, daß die Exekution auf die behörige Art nicht vorgenommen werde. Er entschuldigte sich auch wegen des veräußerten Getreids,
und zeigte die Erläuterung des Kaisers, wodurch alle diejenigen, die als Rebellen erkläret worden sind, auch die Güter restituiret werden sollen, die man
andern tempore belli versprochen hat. Die Kommissarien waren demnach
in die Nothwendigkeit versezt, hierüber an dem Kaiser untern 5 November
zu berichten. Beede Theile säumten ebenfalls nicht, jeder besonders sein Recht
dem Kaiser vorzulegen, worauf dieser zu Passau den 15 November im Jahr
1505. eine neue Formel vorschrieb, und verordnete, daß der Herzog Albert
sogleich auf sein Gewissen, Trauen und Glauben die Güter anzeigen solle, wodurch er dem Pfalzgrafen Friederich die 20000 fl. ersetzen könne. Der Kaiser
erklärte demnach mehrmal zu Ens den 18 Jänner im Jahr 1506. daß die
Kommissarien einen neuen Tag ansetzen sollten, an dem die beiderseitige Uebergabe geschahe, ohne dadurch die Theilung zu hemmen; und es soll jeder
Theil diejenigen Sachen, so zu theilen wären, mit gutem Gewissen gemeinsam
bewahren, und auch die Früchte in die Theilung einwerfen, welche nach dem

Ziel

132

Ziel Michaelis aus dem gemeinsamen Vermögen genommen worden: und also solle jedem dasjenige, was indessen veräußert worden, zurückgestellet, sofort das Laudum auch in allen andern Artikeln vollzogen werden. Der Herzog Albert benannte hierauf alle Oerter, womit er den Pfalzgrafen für die 20000 fl. dann die weitern 4000 fl. entschädigen wollte. Worüber der Kaiser weiters erklärte, daß die Uebergabe beiderseits geschehen, und das, was mehr oder weniger ausmachte, und entweder nach der Schätzung zu ersetzen oder abzuziehen wäre, in salvo verbleiben solle. Hingegen sollten sowohl die Beamten und Unterthanen bis zum Scholastikafest von den Pflichten von Freysing aus entlassen, als auch die Urkunden einander ausgeliefert, am Sonntag Lätare aber die wirkliche Uebergabe berichtiget werden. An dem Scholastikatag sollen die Schätzmänner die Theilung des Getreides und der Artillerie auf die vormals bestimmte Art anfangen, sodann aber die Schätzung der von dem Herzog Albert übergebenen Güter vornehmen und vor Georgi vollenden. Zu welchem Ende der Kaiser seinen vorigen zwey Kommissarien noch den dritten nämlich den Wolf Zillnhart, Domherrn zu Augspurg, beysetzte, welche insgesamt mit Beyhilfe der Schätzmänner die Sache in Güte vollführen sollten. Wenn aber bey alle dem in Güte nichts vollendet werden könnte, so behielt er sich vor, nach vorläufiger Berichterstattung einen Obmann zu benennen, mittlerweile soll also der Pfalzgraf Friedrich die Pfandungen behalten. Die von Zeit Michaelis erhobenen Früchte sollen jedem Theil zu seiner Portion geschlagen, und das Surplus dem andern Theil zugestellet werden, und auf solche Art solle mehrmal das Laudum in seiner Kraft bestehen. Acta et declarata zu Ems den 18ten Junius im Jahr 1506.

Herzog Alberts Sachwalter, Georgius Probst zu St. Peter, Sigmund von Rorbach, Hanns von Pessenhausen, Kaspar Winzerer nahmen diese Deklaration an, welcher sich auch Adam von Törring, und Wendelin von Hauenburg, Pfalzgraf Friederichs Anwälde fügten. Die kaiserlichen Kommissarien hingegen als Ulrich von Montfort Herr zu Tetnang, Wolf von Zillnhart und Bernhart von Scherfenberg wiederholten zu Freysing die Kommission, und verordneten, daß auf Jubika die Uebergabe, und zugleich die Theilung geschlossen, die Streitigkeiten durch die Schätzmänner entwickelt, und die Register und Saalbücher sogleich gegeneinander ausgeliefert werden sollten. Aber am St. Johannes Baptista Tag entstunden neue Irrungen wegen der Schätzung und den Pfandschaften, welche vor dem Heinrich Bischof zu Augspurg, Friederich Marggraf zu Brandenburg, Ulrich Herzog zu Wirtemberg und dem schwäbischen Bund angebracht und von diesen dahin entschieden worden sind, daß erstens die einem jeden Theil besonders gebührenden Urkunden demselben zugestellet, die gemeinschaftlichen aber in Augspurg hinterleget. Zweytens die Schätzungen

und

und Besichtigungen der Güter, wozu der Doktor Augustin Lösch und Konrad Lacher, Stadtaman zu Ulm verordnet worden, berichtiget, und drittens nach geschehener Schätzung die Pfandungen sogleich aufgehoben werden sollen. Auch der Kaiser erließ am 9 Dezember wegen den Erträgnißen der 4000 fl. eine neue Erklärung, und machte die Anweisung auf die von dem Herzog Albert vormals benannten Güter; sofern aber diese nicht hinreichend wären, so wollte er andere benennen, die der besagte Herzog ohne Verzögerung zur Erfüllung der obigen Summa anweisen müßte.

§. 117.

Man hätte glauben sollen, daß durch die so vielen Machtsprüche des Kaisers der Streit doch einmal ein Ende nehmen würde. Allein eben diese waren Ursache, daß immer neue Zweifel aufgeworfen wurden. Der Pfalzgraf, welcher glaubte, es geschähe ihm zu hart, verzögerte die Exekution und die Auslieferung der Pfandungen von einer Zeit zur andern. Auch der Herzog Albert legte stets neue Hindernise dem Ersatz der 20000 fl. und der 4000 fl. in den Weg, daß also die Sache schon bis in das 1507te Jahr hinausgeschoben wurde. Ja es schien, daß es zu neuen Fehden kommen dürfte. In dem erst besagten Jahr hatte der Kaiser einen Reichstag nach Kostnitz angesaget, wohin der Herzog Albert in Person sich begab, bey dem Kaiser und den Reichsständen auf die endliche Entscheidung mit allem Ernst drang, und auch die Hilfe der Bundsverwandten anrufte, daß ihm diese zur Erlangung der Städte Landshut und Burghausen, und auch der übrigen Pfandschaften ihren Beistand leihen möchten. Auf dieses Anbringen ließ der Kaiser mehrmal eine Deklaration kund machen, vermög welcher er wegen dem unterlassenen Saumsal der vorigen Kommissarien andere — und zwar in seinem Namen den Kurfürsten Friederich von Sachsen, im Namen des Herzog Albert den Doktor Ludwig Vergenhans, und für den Pfalzgrafen Friederich den Ernest von Welden bestellet, selben eine neue Schätzungsart vorgeschrieben, und mehrere streitige Punkten erläutert hat. Besonders aber schärfte er ihnen ein, daß die Pfandschaften vor dem St. Lorenztag zurück gegeben werden sollten, doch mit der Bedingniß, daß jeder Theil für das, was er versprochen hat, eine Bürgschaft ausstellen müsse. Es war das der erste Fall, wo von dem Herzog Wolfgang keine Meldung mehr geschah, welches daher rührte, weil beede Herzoge kurz zuvor am St. Ulrichstag im Jahr 1506. einen Vertrag geschlossen hatten, wodurch die Primogenitur durch eine pragmatische Sanktion eingeführt, dem Herzog Albert allein die Regierung überlassen, und dem Herzog Wolfgang eine Appanage bestimmet worden war.

§. 118.

Nachdem die Zwistigkeiten zwischen den Herzogen aus Baiern und dem Pfalzgrafen Friedrich fast eben so lange, als vormals der Krieg gedauert hatten, so hat endlich der Kaiser auf Anbringen des Herzog Albert den Machtspruch zu Kostnitz abgefaßt, und die hinterlassenen Länder des Herzog Georg in drey Theile zerstücket, wovon der erste dem Herzog Albert, der zweyte den zwey minderjährigen Pfalzgrafen, und der dritte den Allirten und andern in der Sache interessirten Personen zufiel. Es wurde nebenbey ein beträchtlicher Theil von Herzog Alberts Ländern selbst, und so auch von den Staaten des Kurfürsten Philipp von der Pfalz abgerissen, und hie und da nach Willkür und Eigendünkel vertheilet, wie in dem folgenden Schema mit mehrern zu ersehen ist.

Aus den Ländern des Herzog Georg bekamen die zwey hinterlassenen Söhne des Pfalzgrafen Rupert — nämlich die Pfalzgrafen Otto Heinrich und Philipp.

1. Neuburg an der Donau, samt dem Wehringer Forst, Stadt und Landgericht. 2. Burckheim Markt und Gericht. 3. Lauingen Schloß, Stadt und Gericht. 4. Höchstett Schloß, Stadt und Landvoater, samt Faiminger und Thamhausen. 5. Gundelfingen Stadt und Gericht, samt dem Burghagel und Stauf. 6. Monheim Stadt und Gericht. 7. Hilpoltstein Schloß, Stadt und Landgericht. 8. Heydeck Schloß, Stadt und Landgericht. 9. Graisbach Schloß und Landgericht. 10. Reichartshofen Schloß, Markt und Landgericht. 11. Laber Schloß, Markt und Landgericht. 12. Heinsberg Schloß und Gericht. 13. Allersperg Schloß, Markt und Gericht. 14. Weiden Stadt. 15. Barkstein Schloß und Landgericht. 16. Flossenburg Schloß und Landgericht, samt den Märkten Floß, Erndorf, Vohenstrauß und Kaltenbrun.

Aus den Ländern des Herzogs Albert erhielten die zwey Pfalzgrafen

17. Sulzbach Schloß, Stadt und Landgericht. 18. Lengenfeld Schloß, Markt und Gericht. 19. Regenstauf Schloß, Markt und Gericht. 20. Velburg Schloß, und Veldorf Stadt und Gericht. 21. Calmünz Schloß, Markt und Gericht. 22. Schwaigndorf Stadt und Gericht. 23. Schmidmüllen Markt nach Lengenfeld. 24. Hemmau Stadt und Gericht.

Ueberdas wurden Ihnen von den Flecken vor dem Wald aus Herzog Georgs Verlassenschaft zuerkannt, aber von Herzog Albert um 85000 fl. wieder eingelöset.

25. Hengersperg samt dem Kloster Niederalteich, soviel jenseits der Donau

nau daju gehöret. 26. Pernstein Schloß und Stadt Grafenau sammt dem
Landgericht. 27. Schönberg der Markt. 28. Hofkirchen. 29. Hilkersperg.
30. Eck. 31. Diesenstein. 32. Ranfels.

Aus diesen Gütern entstund das Herzogthum Neuburg, welches man
die junge oder neue Pfalz benamsete.

Dem Herzog Albert sind aus Herzog Georgs Verlassenschaft folgende Herrschaften zugefallen:

1. Landshut Stadt, Schloß und Gericht. 2. Erdingen Stadt und
Landgericht sammt Wartenberg dem Markt. 3. Mosburg Stadt und Landgericht — Nandlstadt Markt — Isarek das Schloß. 4. Wolnzach Schloß
und Gericht. 5. Ratzenhofen Schloß und Gericht. 6. Rotenburg Schloß,
Markt und Landgericht — Pfafenhofen Markt. 7. Kirchberg Schloß und
Landgericht — Geisselhering und Pfafenberg Märkte. 8. Eckmüll Schloß
und Markt. 9. Teysbach Schloß, Markt und Landgericht — Frontenhau-
sen — Ergoltspach — Pilsing Märkte. 10. Reisbach Markt und Gericht.
11. Dingolfing Stadt und Gericht. 12. Landau Schloß, Stadt und Landgericht — Eichendorf und Simbach Märkte. 13. Osterhofen Stadt und
Gericht. 14. Natternberg Schloß und Gericht — Plätling Markt. 15.
Vilshofen Stadt und Landgericht. 16. Griesbach Schloß, Markt und
Landgericht — Münster und Koslarn Märkte. 17. Reichenberg Schloß
und Gericht. 18. Eckenfelden Markt und Gericht. 19. Pfarrkirchen Markt
und Gericht — Truslern, Maßing, Wurmausruckt im Rotthal. 20. Gank-
hofen Markt und Gericht. 21. Geisenhausen Markt und Gericht — Harbach. 22. Biburg Markt und Landgericht — Velden Markt. 23. Neuen-
markt in Baiern Markt und Landgericht — Wünzer Schloß ein Theil.
24. Cramsperg Schloß und Landgericht. 25. Burghausen Schloß und Stadt.
26. Braunau in Obern Weilhart Schloß und Landgericht. 27. Uttendorf
Markt und Gericht. 28. Julbach Schloß und Gericht. 29. Herrschaft
Lenberg — Thorn und Märktl, die zwey Märkte und Gerichte. 30 Schärding Schloß, Stadt und Landgericht. 31. Ried Schloß, Markt und Landgericht. 32. Friedburg im Matichthal und Gericht. 33. Obing Schloß
und Landgericht. 34. Kling Schloß und Landgericht. 35. Krayburg Schloß
Markt und Landgericht. 36. Trosperg Schloß, Markt und Landgericht.
37. Mermosen Schloß und Gericht. 38. Wasserburg Schloß, Stadt und
Gericht. 39. Traunstein Schloß, Stadt und Landgericht. 40. Rosenheim
Schloß, Markt und Landgericht. 41. Reichenhall Schloß, Stadt und Landgericht. 42. Karlstein Schloß und Gericht ist dem Fröschl auf ewig verschrieben worden. 43. Marquartstein Schloß und Gericht, welches die Für-

Q 2

sten

ften wieder an sich gelöset. 44. Ingolstadt Schloß, Stadt und Gericht. 45. Rain Schloß, Stadt und Landgericht — Inchenhofen — Ainling Kurbach — Altomünster die Märkte. 46. Schrobenhausen Stadt und Gericht. 47. Friedberg Schloß, Stadt und Gericht. 48. Wembing Schloß, Stadt und Gericht, welches von den Herzogen vermög einem Vertrag erkauft und von dem Vormund Pfalzgraf Friedrich zurückgegeben worden ist. 49. Die Herzoge in Baiern haben auch den Niederwald von dem obigen Vormund erkauft.

Der Kaiser hat sich folgende Herrschaften zugeeignet:

1. Spitz und Schwalenbach in Ober Oesterreich Pfandweis. 2. Ratenberg am Inn Schloß und Stadt. 3. Das Ländlein im Zillerthal. 4. Kufstein Schloß und Stadt samt einem Stück Wald von der Herrschaft Kitzbühel, soviel nämlich zu den Bergwerken in Tyrol nothwendig war. 5. Schloß Neuburg am Inn über Passau. 6. Rennariql an der Donau ein Schloß. 7. Neuhausen. 8. Kirchberg die Grafschaft. 9. Weissenhorn Stadt, Schloß und Herrschaft. 10. Obenhausen, und was von den Varbern von Ulm herkommt. 11. Mauerstetten und Burch. 12. Pfafenhofen bey Ulm. 13. Schmichen das Schloß am Lech. 14. Der Werber und Weissenburger Forst zu der Reichs-Pflege daselbst gehörig. 15. Wörtern und Augia in der Marggrafschaft Burgau. 16. Die Gerechtigkeit, so Herzog Georg an Ellerspach gehabt. 17. Das Amt und die Advokatie des Erzstifts Salzburg und des Bisthums Passau. 19. Den Schutz und Schirm des Klosters Varnbach am Inn. 20. Die Jagdgerechtigkeit und alle fürstliche Obrigkeit, so in der Marggrafschaft Burgau zwischen der Donau, Lech und Wertach ist. 21. Die Gerechtigkeit über die Juden und einige andere Stücke zu Regensburg, so dem Herzog Georg verpfändet waren. 22. Die Jagd und alle fürstliche Obrigkeit über die Herrschaft Spitz. 23. Dann in einer besondern Verschreibung die Stadt und Herrschaft Kitzbühel. und 24. Das Amt und Kloster Mamesee; dann 25. das Schloß Waldeneck mit der Jurisdiktion. 26. Das Amt Schardenberg. 27. Den Zoll zu Wasserburg auf jedes Schafel Getreid. 28. Die 40000 fl. die der Kaiser dem Herzog Georg für das zum vorhabenden Türkenkrieg gelieferte Getreid, samt Interessen schuldig war, wurden für bezahlt angesetzt. 29. Die 100000 fl. Subsidien mußten ihm bezahlt werden. 30. Alle übrigen Schulden, mit welchen der Kaiser dem Herzog Georg haftete, wurden ihm nachgelassen. 31. Das Magazin zu Lauingen, das gegen 50000 fl. werth war, nahm der Kaiser ebenfalls zu sich. 32. Die Zollfreyheit auf dem Inn und in ganz Baiern wurde ihm zugestanden.

An

Dn Burggraf Friedrich Marggraf zu Brandenburg Anſpach kam: Freiſtadt in der obern Pfalz, welches nach 20. Jahren zurückgelöſet worden.

Der Herzog Ullrich von Würtemberg erhielt:

1. Schloß und Stadt Neuſtadt am Kocher mit den Zugehörungen. 2. Winsberg Schloß und Stadt. 3. Das Kloſter Maulbran mit allen Zugehörungen. 4. Mecknüll mit allen Zugehörungen. 5. Knitlingen die Stadt. 6. Luden. 7. Lauenſtein. 8. Die Herrſchaft Heydenheim ſammt dem Schloß Helenſtein und der Vogtey im ſogenannten Brenzthal, und noch mehr andere Oerter im Elſaß.

Dem Landgrafen Wilhelm zu Heſſen wurde zu Theil:

1. Caub. 2. Homburg an der Höhe. 3. Umſtadt die Stadt. 4. Uſberg das Schloß ſamt dem Gericht. 5. Rheinheim. 6. Schönberg. 7. Odernheim. 8. Stein. 9. Bickenbach.

Der Herzog Alexander von Zweybrücken erhielt:

1. Landſperg. 2. Moſcheln und andere Orte, die ihm vormals der Kurfürſt Friedrich der Siegreiche abgenommen hatte.

Der Emicho Graf von Leiningen nahm

Die Schlöſſer, die der beſagte Kurfürſt Friedrich der Siegreiche ihm vormals abgewonnen hatte.

Der Biſchof von Freyſing erhielt

Den Vortheil zu Mäſſenhauſen um dem nämlichen Preis, wie der Graf von Hardeck vormals geſagt hatte.

Dem Utelo Graf von Zollern des Kaiſers Hofmeiſter wurden gegeben

Die Herrſchaften Spitz und Schwalenbach in Oeſterreich — welches glaublich zu verſtehen iſt, daß der Kaiſer die Landeshoheit, und der Graf die niedergerichtlichen Gefälle bekommen hat.

Dem Hieronymus Croar Rechtsgelehrten

Das Schloß Konſtein.

Dem Hanns Langemantel Burgermeiſter zu Augsburg

1. Das Schloß und Herrſchaft Wolfsperg; und 2. Jglingen oberhalb Landſperg.

Q 3   Dem

Dem Grafen von Oettingen

Baldern Schloß und Herrschaft.

Dem Wolfgang Lanckhofer und darnach den Hildebrand Kutscher.

Ellenkofen Schloß und Hofmarch zwischen Schwaben und Wasserburg.

Dem Kaspar Winzerer.

Brandenburg das Schloß und Hofmarch vor den Alpen.

Dem Paul von Lichtenstein Freiherrn von Kastelshorn.

Marquartstein Schloß und Herrschaft, so hernach um 10000 fl. gelöset worden.

Der Stadt Braunau

Vorstern Sitz und Hofmarch.

Dem Bernhart von Stauf Freiherrn von Erenfels

Schöneberg Schloß und Herrschaft oberhalb Thumstauf.

Dem von Beer nach Herzog Alberts Tod

Wald das Schloß und Herrschaft bey Burghausen.

Dem Hanns von Peffenhausen

Eberspeint Märkt und Hofmarch.

Dem Christoph Graf von Ortenburg

Mattikofen Schloß Markt und Herrschaft.

Und endlich der Reichsstadt Nürnberg wurden eingeräumet

1. Hersbruck Stadt und Gericht. 2. Lauf Stadt und Gericht. 3. Altorf Stadt und Gericht. 4. Hohenstein das Schloß. 5. Reicheneck das Schloß. 6. Pegenstein das Schloß. 7. Stierberg das Schloß. 8. Heimburg Schloß und Gericht. 9. Das Schloß Grünsperg. 10. Das Schloß
Dein-

Deinſchwang. 11. Balden Gericht und Markt. 12. Das Schloß Hohnfen-
feld. 13. Der Schutz und Schirm, ſamt der Vogtey der Klöſter Gnaben-
berg, Weiſſerohr und Engelthal.

Der Kaiſer wollte überdas für andere ſeine Diener auch noch mehrere
Rubriken einſchalten, und ſo ſeine Leute auf Koſten der Baieriſchen Staaten
belohnen. Vorzüglich eiferte er für den Sigmund von Frauenberg zu Hag,
für den er die Herrſchaft Hag als des Reichs Lehen vor der Baieriſchen Anlage, Reis, Steuer und andern Beſchwerden befreyen wollte. Aber der Herzog Albert, der ohnedem ſchon ſehr geſtümmelt war, ſetzte ſich mit ſolcher
Heftigkeit dagegen, daß endlich der Kaiſer mit ſeinen übrigen Prätendenten
zur Ruhe ſich begeben muſte.

§. 119.

Uebrigens würde es zu meiner gegenwärtigen Geſchichte wenig beitra-
gen, wenn ich die zwiſchen dem Herzog Albert und Pfalzgrafen Friederich
nach dem Koſtnizer Machtſpruch weiters und bis in das 1515ſte Jahr hinaus-
gedehnten Verhandlungen, die Austauſchung der Stadt Rain und anderer
Oerter, und einige zwiſchen ihnen vorgegangene Modificationen zu Papier
bringen wollte. Ich ſage, ſo eine Erzählung wäre dermal unnütz, weil alles
das, was zwiſchen ihnen beeden nachmals gepflogen worden iſt, nichts anders
mehr betraf, als was zwiſchen ihnen die Formalitäten der Exekution der er-
laſſenen Machtſprüche und die Vertheilung der Erbſchaft — mit einem
Wort, nur ſolche Dinge angieng, die auf einen dritten, der unverdient den
Lohn bereits davon getragen hatte, im mindeſten nicht mehr einen Bezug
hatten.

§. 120.

Das war nun der betrübte Ausgang einer zwiſchen dem Pfalzbaieriſchen
Stammhaus erregten Erbſchafts-Streitigkeit, aus der wie aus einem Funken ſo ſchreckliche und würthende Flammen über das ganze Pfälzer und Baierland ausgebrochen ſind. Dieſe Streitigkeit muſte jeder Theil mit dem Ver-
luſt ſeiner eignen Länder und Baarſchaften, mit dem Untergang vieler Unterthanen, mit der Zerſtöhrung der ſchönſten Städte, Märkte, Schlößer,
Klöſter und Dörfer theuer büſſen; wobey die verſtellten Freunde und liſtigen
Helfer unter honigſüßen Geberden des Beiſtandes ein unermeßliches Vermö-
niögen an ſich geriſſen, und den Pfalzbaieriſchen Erbſtaaten einen ſo harten
Schlag verſetzet haben, den die ſpäteſten Nachkömmlinge noch fühlen müſſen.

Der

Der Kaiser Maximilian hat dabey den größten Gewinst für sich gehabt, und dem pfalzbaierischen Haus das schwerste Unheil zugefügt. Er hat das Haus abgebrochen, weil es in einem Zimmer geraucht hat, und man kann in der That von ihm sagen: ingratus Sylla, qui patriam durioribus remediis, quam pericula erant, sanavit. — Hätte das pfalzbaierische Haus, da es das erste-mal schon in Kölln die gefährlichsten Absichten des Kaisers in Dem Laudum klar lesen konnte, nicht überlegen sollen, daß auf seinem darinn ausdrücklich vorbehaltenen Interesse, vor dem sogar Herzog Alberts Schwägerschaft schwei-gen muste, die Brücke zur wirklichen Erwerbung errichtet, und die dem Kaiser von selbst reservirte Deklaration aller streitigen Punkte derjenige Schlüssel seyn würde, der ihm durch die Dunkelheit des Machtspruches, und die dage-gen vorkommenden Einwendungen der zwey Partheyen endlich die Thore zu dem vorbestimmten Interesse mittelst neuer und deklaratorischer Macht-sprüche auf Kosten des ganzen pfalzbaierischen Hauses öffnen würde? — Allein da diese Dinge, leider, geschehen sind, so ist es dermal die Zeit nicht, das Vergangene mit Wehmuth länger zu betrachten, sondern den Bedacht zu nehmen, wie man hie und da die Avulsa mit dem alten pfalzbaierischen Staatskörper wieder vereinigen möge.

Dahero will ich die Geschichte und den ersten Theil hiemit schliessen, und zu demjenigen Gegenstand mich hinwenden, der dermal das Publikum und das ganze deutsche Reich aufmerksam macht, und den Widerruf desjeni-gen Antheils betrift, den die Reichsstadt Nürnberg in dem Baierisch Lands-hutischen Erbfolgekrieg, sowohl von der Verlassenschaft des Herzog Georg zu Baiern Landshut, als von den Staaten des Kurfürsten Philipp von der Pfalz auf die unverantwortlichste Art entrissen, und bisher pessima fide usurpiret hat.

Ende des ersten Theils.